BERLIN – Visionen werden Realität

jovis

BERLIN – Visionen werden Realität

Herausgegeben von Christel Kapitzki

jovis

Die Produktion dieses Titels wurde
ermöglicht dank der Unterstützung der
UNZE Verlagsgesellschaft mbH, Potsdam und des
DBC Druckhaus Berlin-Centrum, Berlin.

JOVIS Verlags- und Projektbüro
Kurfürstenstraße 15/16
D-10785 Berlin

Lektorat und Recherche: Alexa Geisthövel
Redaktion: Björn Bossmann, Clément Zürn
Umschlag- und Layoutgestaltung: Lisa Neuhalfen, Berlin
Lithographie: Unze Verlagsgesellschaft mbH, Potsdam
Druck und Bindung: DBC Druckhaus Berlin-Centrum, Berlin
Printed in Germany.

ISBN 3-931321-80-0

Inhalt

Vorwort

Berlin befindet sich über sechs Jahre nach dem Fall der Mauer in einem Umbruchzustand, der alle Bereiche der Gesellschaft, der Politik, der Wirtschaft und der Kultur und damit natürlich auch des Städtebaus und der Architektur umfaßt. Tiefgreifende Veränderungen in Wirtschaft und Politik sind die Ursache dafür, daß sich die Stadtstruktur, das Bild der Stadt, die Verteilung des städtischen Lebens unübersehbar wandeln. Mit dem Fall der Mauer hat eine Planungs- und Bautätigkeit eingesetzt, die in Umfang und Intensität, aber auch in ihren durch die historische Entwicklung hervorgerufenen Besonderheiten und Bedingungen einer vormals geteilten Stadt in keiner anderen europäischen Stadt ihresgleichen findet.

Unter großem Zeitdruck wurden vom Senat stadtpolitische und stadtplanerische Festlegungen getroffen. Es folgten städtebauliche und architektonische Entwürfe im historischen Zentrum und der Peripherie Berlins. So wird im Bereich der historischen Innenstadt zwischen Alexanderplatz und Potsdamer Platz an der Beseitigung von Blessuren gearbeitet, die Kriegszerstörungen, Nachkriegsplanungen und Mauerbau im Stadtkern hinterlassen haben. Die zuletzt nur noch als schwer identifizierbares Fragment ablesbare Struktur der barocken Dorotheen- und Friedrichstadt mit den markanten Plätzen Pariser Platz, Leipziger Platz, Mehringplatz und Spittelmarkt sollen als Stadträume neu entstehen. In den Bereichen Spreeinsel und Wilhelmstraße werden Ministerien und Botschaften angesiedelt. Gemeinsam mit den neuen Büro- und Geschäftshäusern, den Hotels, aber auch den Opernhäusern, Theatern und den Universitätsgebäuden werden sie das jetzt bereits in Ansätzen erkennbare künftige Bild und den Alltag der historischen Innenstadt prägen.

Während an den über die Stadtsilhouette ragenden Baukränen innerstädtischer Großbaustellen dieser Bauprozeß nach und nach ablesbar wird, laufen zugleich – vor allem in der Peripherie – Planungen für ein umfangreiches Wohnungsbauprogramm. Allein in den letzten fünf Jahren wurden über 72.000 öffentlich geförderte Wohnungen mit dazugehörigen Folgeeinrichtungen wie Schulen und Kindertagesstätten planerisch vorbereitet und öffentlich finanziert. Das Leitbild für den Wohnungsbau ist das der dichten, gemischt genutzten Vorstädte. Exemplarisch seien die Planungen für Karow-Nord, für die Wasserstadt in Spandau, für die neue Vorstadt in Biesdorf, aber auch entsprechende Planungen in Alt-Glienicke und Rudow genannt. [vgl. Stimmann, Hans (Hrsg.): Stadt Haus Wohnung. Katalog zur Wohnungsbauausstellung. Berlin 1995.] Parallel dazu laufen umfangreiche Planungen für ein Krankenhausneubau- bzw. -ergänzungsprogramm vor allem in den Ostbezirken. In Adlershof-Johannisthal entsteht mit der Auslagerung der technischen Fakultäten aus der Humboldt-Universität quasi eine neue Universitäts- und Wissenschaftsstadt. Schließlich findet auch die Einbeziehung Berlins in das internationale Hochgeschwindigkeitsnetz der Deutschen Bahn AG seinen baulichen Ausdruck mit dem Neubau von drei großen Fernbahnhöfen: Lehrter Bahnhof, Papestraße und dem Fernbahnhof Spandau.

Am Prozeß der Realisierung dieses in Umfang und Komplexität einmaligen Bauprogramms sind neben vielen Berliner Büros die wichtigsten deutschen Architekten aus Hamburg, München, Stuttgart, Hannover, Frankfurt a. M., Düsseldorf, Dortmund usw. beteiligt. Darüber hinaus ist Berlin für das zusammenwachsende Europa zu einem Mekka der besten europäischen Architekten geworden: W. Alsop, D. Chipperfield, R. Diener, Sir N. Foster, G. Grassi, N. Grimshaw, W. Holzbauer, R. Moneo, J. Nouvel, D. Perrault, B. Podrecca, R. Rogers, A. Rossi, Cl. Vasconi, R. Wegler, M. Wilford, P. Zumthor etc. Dazu gesellen sich berühmte Kollegen aus Japan und den USA: D. Childs, F. Gehry, A. Isozaki, H. Jahn, Ph. Johnson, Moore/Rubble/ Yudell. Diese architekturpolitische Offenheit hat schon jetzt dazu geführt, daß Berlin zu einer Metropole moderner Architektur geworden ist. Eine wirkliche Metropole wird jedoch nur eine Stadt, die ihre Identität bewahrt und sich ihrer spezifischen Baugeschichte immer wieder vergewissert, indem sie das historische und städtebauliche Erbe und die architektonische Tradition als ihre kostbarsten Gegebenheiten akzeptiert, aber auch weiterentwickelt. Deshalb haben wir den Architekten, die hier bauen, drei auch in Berlin nicht unumstrittene Leitbilder vorgegeben: für die Dorotheen- und Friedrichstadt die »kritische Rekonstruktion«, für die vollständig freigeräumten Areale am Potsdamer Platz, am Lehrter Bahnhof und auf der Spreeinsel das der »europäischen Stadt« und schließlich für den Komplex Wohnungsbau das Leitbild der aus dem 19. Jahrhundert stammenden Berliner Vorstadt. Diese Entscheidung für das Weiterarbeiten mit dem komplexen Vokabular der europäischen Stadt ist nur vor dem spezifischen Berliner Hintergrund der Nachkriegsjahrzehnte zu verstehen. Sie waren materiell und intellektuell die Fortsetzung der Kriegszerstörung des Stadtgrundrisses und der Häuser und zugleich unauflöslich verbunden mit der permanenten Suche nach einer neuen Idee von Stadt, Haus und Architektur. An diesem Prozeß der Zerstörung bei gleichzeitiger Suche nach einer radikal neuen Zukunft war in Berlin-West und -Ost nicht nur die jeweilige Administration mit ihren Senatsbaudirektoren bzw. Chefarchitekten, sondern auch die internationale Architektenelite beteiligt. So ist Berlin, aus der Distanz betrachtet, so etwas wie ein Experimentierfeld internationaler Architekturbemühungen geworden, deren Gemeinsamkeit darin bestand, mit der städtebaulichen und architektonischen Tradition zu brechen. Collage und Fragment und nicht die Tradition eines an Schönheit und Ganzheit orientierten Städtebaus prägen daher das Bild der bis 1989 geteilten Stadt. Der Prozeß der Besinnung auf eine andere Städtebau- und Architekturtradition begann in West-Berlin mit der IBA 1987 und ihrer Idee zur »kritischen Rekonstruktion« des Stadtgrundrisses in der südlichen Friedrichstadt. Diese Rückbesinnung auf den Stadtgrundriß machte Schluß mit dem Abriß und der sich anschließenden freien Komposition einzelner Gebäude zu Stadtlandschaften. Ähnliche Anzeichen waren in Ost-Berlin in den Jahren unmittelbar vor der Wende, insbesondere in der Friedrichstadt, zu beobachten. Diese Rückbesinnung erforderte von den Architekten das Entwerfen im städtischen Kontext, war der Auftakt zum Bauen an der Straße und damit zum Entwurf angepaßter Grundrisse und Fassaden. Die Abwendung vom dramatisch inszenierten Objekt, dessen künstlerische Idee die Distanzierung vom Kontext und die Herstellung von Gegensätzlichkeit war, und die Rückbesinnung auf die Produktion von städtischem Kontext und historische Kontinuität, hat viele Architekten unvermittelt mit der Aufgabe zum Entwurf einer in den Raum der Stadt weisenden öffentlichen Fassade konfrontiert. [vgl. Neumeyer, Fritz: Mit dem Kopf durch die Wand – Annäherung an das Unwort »Fassade«. In: Hans Kollhoff, Berlin 1995.]

Wer die von der Bauverwaltung initiierten Projekte für die neuen Vorstädte in der Spandauer Wasserstadt, in Biesdorf, Karow oder Hellersdorf betrachtet, wird auch dort nicht nur die Wiedergeburt traditioneller städtebaulicher Muster mit Straßen, Plätzen, Parkanlagen, Vorgärten und Häusern im Block an der Straße beobachten. Die bewußte Verwendung dieser in der Moderne verpönten Stadtmuster für den Entwurf zeitgenössischer Vorstadtsituationen zwingt auch in der Peripherie die Architekten zur Auseinandersetzung mit den entwurflichen Erfahrungen ihrer Großväter.

Die zweite zentrale Aufgabe bei der Wiederaufnahme der europäischen Städtebautradition ist die Besinnung auf die kleinste städtebauliche Einheit, auf das städtische Haus innerhalb eines städtebaulich definierten Kontextes. Diese scheinbar einfache Forderung zum kontextuellen Hausbau bedeutet praktisch die Abkehr von anonymen Strukturen mit ihren Zufälligkeiten in der Erschließung, der Fassadengestaltung usw. Der Hausbau in einem städtischen Kontext zwingt Architekten zur Auseinandersetzung mit den jeweiligen Berliner Bautraditionen. Diese Auseinandersetzung geschah natürlich nicht abstrakt, im Sinne eines Forschungsprojektes, sondern praxisnah bezogen auf die jeweils anstehende Bauaufgabe. So erfolgte dies zur Vorbereitung der zahlreichen Bauwettbewerbe für den Bereich Schul- und Krankenhausbau. Erst der unmittelbare Vergleich aktueller Entwürfe mit den historischen Schulgebäuden, etwa von Hermann Blankenstein, Ludwig Hoffmann, Max Taut und Jean Krämer, also Baumeistern von Schulen, die in einem Abstand von über 40 Jahren entworfen und gebaut haben, zeigt die Schwierigkeiten, im Schulbau – abgesehen von den modifizierten Raumprogrammen – wirklich architektonische Fortschritte zu erzielen.

Ähnliches läßt sich schließlich über den Typus des gemischten Büro- und Geschäftshauses formulieren. Besonders bei diesem Typus verfügt Berlin über eine Tradition wie kaum eine andere deutsche Stadt. [vgl. Stimmann, Hans (Hrsg.)/Burg, A.: Berlin-Mitte. Die Entstehung einer urbanen Architektur. Berlin 1995.]

Die Beschäftigung mit der Produktionsgeschichte Berliner Bautypologien macht schließlich die fast zu allen Zeiten typische Begrenztheit privater und erst recht der öffentlichen Mittel deutlich. Auch dies war ein Faktor für die Fortführung einer Tradition, zu deren Kennzeichen typologische Klarheit, sparsamer Einsatz dekorativer Ausschmückungen, die Ausbildung einfacher, aber technisch und handwerklich perfekter Details, die Verwendung dauerhafter und bewährter Materialien unter Verzicht auf billige Reize zahlen. Diese und andere Merkmale sind für uns in einer Zeit knapper Mittel und höchster ökologischer und ästhetischer Ansprüche Vorbild und Anreiz zugleich, Neues zu schaffen. Mit dem Insistieren auf diesen Qualitäten zeichnet sich eine Traditionslinie ab, die vom aufgeklärten preußischen Klassizismus über die Vormoderne und die Neue Sachlichkeit bis zum Rationalismus der Gegenwart führt. Im Bereich des Städtebaus findet sie ihre Entsprechung in den planmäßigen Stadtgründungen und Erweiterungen des Mittelalters, des Barocks, der Gründerzeit, der zwanziger und der neunziger Jahre.

Daneben gibt es in unserem Jahrhundert eine zweite wichtige Entwicklungslinie Berliner Architektur, die vom Expressionismus der zwanziger Jahre über den organischen Funktionalismus der Nachkriegszeit zu den dekonstruktivistischen Ansätzen der Gegenwart führt. Die Visionen der gläsernen Kette, die Entwürfe von Mendelsohn, Scharoun bis Libeskind stehen in einer dialektischen Spannung zu den Hauptlinien der Berliner Bautradition von Knobelsdorff und Schinkel über Behrens, Mies van der Rohe, Max Taut bis zu Ungers, Kleihues und Kollhoff. Diese Dialektik zwischen Konvention und Experiment befruchtet die städtebauliche und architektonische Debatte Berlins auch über die Grenzen der Stadt hinaus und war und ist Triebfeder bedeutender architektonischer Leistungen.

Wer sich in diesem Sinne um die Erarbeitung und Beförderung architektonischer Grundhaltungen bemüht, ist vielfach dem Vorwurf des provinziellen Konservatismus ausgesetzt. Was aber ist provinziell an der Forderung zum gut gemachten Normalen, zur Konvention und zur Schönheit der traditionellen europäischen Stadt und ihrer Häuser? Gerade auf diesem Gebiet hat Berlin erkennbar den größten Nachholbedarf.

Architektur hat schließlich in einer krisenhaften Zeit auch die Rolle einer kritischen Instanz gegenüber gesellschaftlichen Phänomenen wie Hast, Energieverschwendung, Kommunikationschaos, modischem Materialeinsatz, Wegwerfmentalität, Geschichtslosigkeit usw. einzunehmen.

Die Projekte des vorliegenden Buches verweisen auf das breite Spektrum der Möglichkeiten, sich innerhalb solcher Vorgaben architektonisch zu artikulieren bzw. städtebauliche Vorgaben für einzelne Architekturen zu definieren. Die Beispiele belegen, daß das Vokabular der europäischen Stadt mit seinen öffentlichen Straßen und Plätzen, mit seiner typologischen Vielfalt unterschiedlicher Häuser noch längst nicht ausgeschöpft ist.

Dr. Ing. Hans Stimmann

In Erwartung neuer Architektur

Das Stadtbild Berlins wird sich bis zur Jahrtausendwende entscheidend verändert haben. Entstehen werden dabei neben neuen Stadtzentren vor allem Geschäfts- und Bürokomplexe sowie neue Wohngebiete. Nicht weniger eindrucksvoll ist das Ausmaß der Modernisierung schon vorhandener städtischer Strukturen. Gerade im Planungsumfang und den architektonischen Möglichkeiten an sich liegt die Einmaligkeit der Situation Berlins: Denn wo sonst wird in einer historisch gewachsenen – wenngleich immer wieder zerstörten – Metropole im Herzen Europas in diesem Ausmaß und in diesem Tempo neu gebaut?

Damit steht Berlin wie keine andere Stadt der Welt auch im Brennpunkt einer öffentlichen Diskussion über Städtebau und – vor allem – über Architektur. Schon aufgrund der enormen planerischen Anforderungen wird man sich an dieser Stelle besonders intensiv mit dem Thema ›Zukunft‹ auseinandersetzen müssen. Erste Überlegungen zur Gestalt des zukünftigen Berlins – und damit einer Stadt der Zukunft – ergaben eine Unmenge von Frage- und Problemstellungen. Die Vielzahl unterschiedlichster Ansichten führte zu starken Polarisierungen: Lösungsversuchen im Rückgriff auf eine nicht selten verklärte Vergangenheit standen progressive Konzepte gegenüber, die alle bislang gewohnten Überlegungen zum Thema ›Stadt‹ angesichts neuer Technologien für überflüssig hielten. Wenn klassische Bürostrukturen durch Computervernetzungen und Datenhighway ersetzt werden und damit in vielen Arbeitsbereichen das Zusammentreffen von Menschen unnötig wird, dann hätten sich selbst die immer wieder diskutierten Fragen zum Verhältnis von Stadtzentrum und Peripherie überlebt, weil Standorte und räumliche Entfernungen im Computerzeitalter nur noch eine untergeordnete Rolle spielen werden.

In der Medienrezeption ist wie in der öffentlichen Meinung zu diesem Thema ebenfalls eine starke Polarisierung festzustellen: Während manch einer die Chancen für couragierte architektonische Glanzstücke und zukunftsweisende Wege vertan sieht, sammeln andere Meinungen und Unterschriften gegen eine moderne und ihrer Ansicht nach ›menschenverachtende‹ Architektur überhaupt.

In dieser Situation lag seitens der verantwortlichen Planer die Entscheidung nahe, eine Neugestaltung der Stadt unter das Motto »Versöhnung von Modernität und Tradition« zu stellen, d. h. technische Innovation und Fortschritt mit dem Bedürfnis des Menschen nach räumlicher Geborgenheit und physischer Nähe in Einklang zu bringen. Die sogenannte »Kritische Rekonstruktion« in Berlin sollte mithilfe moderner Architekturansätze und städtebaulicher Planungen durch ihre in der Praxis strikten Vorgaben den Erhalt und Wiederaufbau von historisch gewachsenen Stadträumen ermöglichen. Aber eben wegen ihrer nostalgischen Ausrichtung bereitet sie nicht nur Architekten Bauchschmerzen.

Andererseits sind aus dem Rahmen fallende, provozierende und ästhetisch umstrittene Architekturplanungen mittlerweile ebenso starker Kritik ausgesetzt, weil sie nicht selten in ihrer Kompromißlosigkeit schon vorhandene städtische Strukturen sprengen.

Gerade die Heftigkeit der Diskussionen über jeweils ganz unterschiedliche architektonische Planungen mag erstaunen und provoziert weitere Fragen: Ist die Debatte nicht auch Ausdruck des Mangels an ›hauptstädtischer‹ Architekturtradition, da diese im Vergleich zu anderen europäischen Metropolen in Berlin wohl nie vorhanden war, oder ist es gar nur das Resultat einer ›Provinzialisierung‹ des Zeitgeschmacks? In dieser Situation bleibt für alle Beteiligten unsicher, ob der zukunftsweisende Weg tatsächlich in der Mitte liegt; nur die Zeit wird das beweisen können. Die Gefahr jedenfalls, die damit verbundenen Zukunftschancen nicht zu nutzen, ist groß.

Entscheidungen, wo und wie etwas gebaut wird, treffen bis heute zumeist Spezialisten, die aus ihrer zweiten Lebenshälfte heraus die Zukunft aller ins Auge fassen. Allzu leicht wird dabei übersehen, daß jüngere Generationen möglicherweise andere Vorstellungen von einer zukünftigen Stadt haben und daß in deren Wertesystem weder die Idee einer europäischen Stadt der Jahrhundertwende noch das beliebte Bild des Flaneurs, der – in anheimelnden Caféhäusern weilend – städtisches Treiben beobachtet, kaum mehr vorkommt. Sinnvoll wäre daher vielleicht, sich bei der Gestaltung einer Metropole des 21. Jahrhunderts nicht so sehr von Rückbesinnung und Nostalgie leiten zu lassen, sondern viel stärker als bisher auf visionäre, möglicherweise auch mutigere Vorstellungen junger Menschen einzugehen.

Spitzfindige und nicht selten ermüdende Fachdiskussionen, vor allem aber mangelnde Bürgerbeteiligung haben dazu geführt, daß weiten Teilen der Bevölkerung der Bauboom über den Kopf gewachsen ist. Und mit dem Gefühl, von Geschmacks- und Inhaltsentscheidungen ausgeschlossen zu sein, fühlen sich immer weniger Bürger in der Lage, mitreden zu können. Dies ist um so bedauerlicher, als von Seiten der Architekten häufig zu hören ist, daß sie den Dialog nicht nur mit den Verwaltungen und Investoren, sondern auch mit den Benutzern ihrer Architektur für wünschenswert und sogar unerläßlich halten, um aufschlußreiche Erkenntnisse über die Vorstellungen der Menschen von ihrer Stadt zu gewinnen.

Wenn man von Architektur erwartet, daß sie auf die sich ständig verändernden Bedingungen adäquat reagiert und dabei ihre Mittel verantwortungsbewußt und behutsam einsetzt, wird deutlich, daß dies letztlich die Beteiligung aller erfordert, die mit den Ergebnissen heutiger Planung leben und arbeiten müssen.

Um das Interesse von Nichtfachleuten an Architektur zu wecken und wach zu halten, bedarf es vermutlich gar nicht zusätzlicher Informationsmöglichkeiten, sondern anderer, entsprechend aufbereiteter Darstellungsformen von Architekturplanungen, die zu Diskussionen auf breiter Ebene anregen. Einer Privatinitiative war es in Berlin zu verdanken, daß die historisch-räumlichen Dimensionen des Schloßplatzes ins Bewußtsein gelangten und somit wohl ohne Zweifel erreicht wurde, daß sich ein wie auch immer aussehender Neubau an den Ausmaßen des alten Schlosses orientieren wird. Eine kostengünstigere Methode ist das Anbringen weniger Holzbalken, um geplante Baumaßnahmen in der stadträumlichen Situation zu erproben. Nach einem solchen Experiment entschied man sich 1985 z. B. gegen einen zuvor prämierten Entwurf von Hans Hollein für das Kulturforum. Auch die hohen Besucherzahlen der Info-Box am Potsdamer Platz, wo perfekte Architektursimulationen präsentiert werden, zeigen, daß in solchen Konzepten ausbaufähige Möglichkeiten liegen.

Fachspezifischen Ballast abwerfend will das vorliegende Buch »Berlin – Visionen werden Realität« vor allem Neugier auf alle städtebaulichen Veränderungen wecken und darüber hinaus durchaus die Diskussion über heutige Architekturströmungen anregen. Es will aber auch Lust auf das zukünftige Berlin machen, den Leser auffordern hinzuschauen und – wo immer das möglich ist – die Neubauten vor Ort zu betrachten und zu betreten. Ist diese Schwelle erst überschritten, kann man in den nächsten Jahren seiner Entdeckungslust ausgiebig frönen und sich, mit neuer Kompetenz gewappnet, vielleicht besser in alle architektonischen Planungen der Zukunft einbringen.

Mit diesem Buch möchten wir Sie zu einem Spaziergang durch das Berlin des Jahres 2000 einladen, das schon heute im Prozeß des Wachstums ist. Der Band zeigt Beispiele für die Wiederherstellung historischer Straßen- und Baufluchten, stellt aber auch neue Zentren und ganze Stadtteile vor, die bis zur Jahrtausendwende entstehen sollen.

Christel Kapitzki

Berliner Visionen

Friedrichstraße

Über dreieinhalb Kilometer schnurgerade verläuft die Friedrichstraße vom Oranienburger Tor im Norden bis zum Halleschen Tor im Süden und kreuzt dabei, die Spree überquerend, die großen Straßen Unter den Linden, Leipziger Straße und Kochstraße.

Ihre historischen Anfänge liegen in der zweiten Hälfte des 17. Jahrhunderts, als die Herrscher des ärmlichen und vom Dreißigjährigen Krieg schwer heimgesuchten Landes Brandenburg-Preußen sich daran machten, einen respektablen Territorialstaat mit einer vorzeigbaren Hauptstadt zu schaffen. Bekanntlich stützten sie sich dabei in erster Linie auf ihr Militär – 1657 wurde Berlin Garnisonsstadt. Doch auch von Handel und Gewerbe erhofften sie sich neue Impulse; der Große Kurfürst Friedrich Wilhelm holte insbesondere die in Frankreich verfolgten Hugenotten in seine Residenz, denn sie galten als erfindungsreiche Handwerker und tüchtige Kaufleute. Der Erfolg blieb nicht aus, die Bevölkerung wuchs so enorm, daß das ›alte Berlin‹ seine Bewohner nicht mehr beherbergen konnte; eine Erweiterung der noch mittelalterlich geprägten Stadt wurde notwendig. Zugleich wünschte der Kurfürst seiner neuen Stellung Ausdruck zu verleihen und seine Residenz repräsentativ auszubauen.

Geleitet von patriarchaler Sorgepflicht für ihre Untertanen und barockem Repräsentationsdenken betätigten sich die brandenburgischen Kurfürsten daher als Stadtplaner. Auf einem Areal aus kurfürstlichem Besitz und dazugekauften Grundstücken gründete die Gemahlin des Großen Kurfürsten eine Neustadt, der sie 1676 ihren Namen gab: die Dorotheenstadt. Kurfürstin Dorothea war es auch, die eine einstmals staubige Kutschenpiste in eine mit Linden bepflanzte Straße umwandeln ließ – Unter den Linden. Die spätere Friedrichstraße war zu diesem Zeitpunkt noch bloße Querstraße der neuen Lindenallee und hieß dementsprechend so. Erst als der Nachfolger des Großen Kurfürsten Friedrich III., ab 1701 als preußscher König Friedrich I., 1691 mit der Friedrichstadt südlich der Lindenallee eine weitere kurfürstliche Neustadt gründete, erhielt die Querstraße als Hauptachse des neuen Stadtteils seinen Namen. 1734 wurde der Festungsgürtel um die Altstadt aufgehoben, so daß beide Neustädte mit dem historischen Stadtkern zusammenwachsen konnten.

Im Zuge dieser Stadterweiterungen entstand auf einem schachbrettartigen Grundriß eine überaus homogene Architektur, die den politischen Absolutismus ihrer Epoche reflektierte: Private Bauherren hatten sich strikt an die städtebaulichen Vorstellungen ihrer Herrscher bzw. derer Oberbaudirektoren Nering und Schlüter zu halten. Die Ansiedlung in den Neustädten wurde mit einer Mischung aus Zwangsmaßnahmen und finanziellen Zuschüssen massiv vorangetrieben.

Dies sollte sich später ändern, wie die vielen Überformungen belegen, die die Friedrichstadt seither

Berlin, Friedrichstraße 1905.

erfahren hat. Vor allem in der Gründerzeit, den 1870er Jahren, büßten die Leipziger und die Friedrichstraße ihren Wohnquartiercharakter ein. Der wirtschaftliche Aufschwung im neugegründeten Kaiserreich brachte für die Friedrichstraße Abrisse, Neubauten, Umbauten und Aufstockungen und die damit einhergehende Verdrängung des Wohnanteils zugunsten von Hotels, Restaurants, Cafés, Theatern, Geschäften und Gewerbe mit sich. Abseits der architektonischen Prachtentfaltung jedoch, in den Nebenstraßen, blieben die angestammten Wohngegenden relativ unbeschadet und sorgten dafür, daß die Friedrichstraße ihre sprichwörtliche Lebendigkeit aus ihrer unmittelbaren Umgebung beziehen konnte. Die Friedrichstraße wurde zur Einkaufs- und Amüsiermeile schlechthin, während die »Linden« ihren repräsentativ-vornehmen Charakter bewahrten.

Vom Brandenburger Tor kommend kehrte man rechter Hand an der Ecke zur Friedrichstraße ins »Café Kranzler« ein. Ihm gegenüber lag das im Jahre 1878 eröffnete Restaurant und Kaffeehaus »Café Bauer«, vis-à-vis auf der anderen Seite der »Linden« das »Victoria«-Hotel, in dessen Räumlichkeiten sich ebenfalls ein beliebtes Café befand. An der Ecke Friedrich-/Leipziger Straße befand sich das Billard-Café »Kerkau«, dessen Inhaber einmal Weltmeister in dieser Sportart gewesen war. Gegenüber lud das sehr beliebte Restaurant eines gewissen Bernhard Kempinski die Gäste zu gutbürgerlicher und Gour-

met-Küche ein. In diesen Häusern pflegte die ›gute‹ Berliner Gesellschaft Muße und Müßiggang, flirtete und übte sich in Konversation. Es sind dies nur einige der bekanntesten Beispiele der unzähligen Restaurants, Cafés und Weinlokale an der Friedrichstraße, die in gediegenem oder elegantem Ambiente feste wie flüssige Gaumenfreuden servierten. Am oberen Ende der Friedrichstraße, in Richtung der proletarischen Quartiere im Norden, wurde es hingegen deftiger und derber; hier fanden sich eher Destillen und billige Bierkneipen für die weniger betuchten Vergnügungssüchtigen.

Neben den kulinarischen Vergnügungen und Hotels verfügte vor allem das sprichwörtliche Nachtleben der Friedrichstraße über ein breites Angebot. Das einzige erhaltene Gebäude dieser reichhaltigen wilhelminischen Unterhaltungslandschaft ist der ehemalige Admiralspalast am Bahnhof Friedrichstraße mit seiner charakteristischen Fassade aus hellen Reliefplatten, der heute eine Operettenbühne namens »Metropol« beherbergt. Zunächst Schwimm- und Eislaufhalle, wurde er 1922 in ein Theater umgewandelt. Den Namen »Metropol« trug zu Kaisers Zeiten ein Theater in der Behrenstraße, in dem, nach Umbau und Erweiterung, heute die Komische Oper untergebracht ist. Auf der südlichen Seite des Bahnhofs amüsierte man sich im »Central-Hotel« im Varieté »Wintergarten«. Im »Apollo-Theater« brachte 1899 Paul Lincke sein unsterbliches Berliner Singspiel

Vorher – Checkpoint Charlie 1991, Blick von Südwesten.

»Frau Luna« zur Aufführung. Darüber hinaus zogen Kabaretts wie das »Schall und Rauch« im »Hotel Victoria« und andere Bühnen, auf denen die Stars der Unterhaltungskultur auftraten, Abend für Abend ein großes Publikum an.

Weniger Erfolg war im Kaiserreich der Idee der Einkaufspassage beschieden. Die 1873 mit großem Aufwand eingeweihte »Linden-« oder »Kaiserpassage«, die Unter den Linden mit der Friedrichstraße verband, war salopp gesprochen ein Flop, der die hochgesteckten Erwartungen der Investoren nicht erfüllte.

Einen wichtigen Impuls für die Lebendigkeit der Friedrichstraße bedeutete die Konzentration von Presseunternehmen in der Umgebung ihres südlichen Teils, namentlich in der Kochstraße, wo große Zeitungsverlage wie Ullstein ihr Quartier hatten.

Nicht nur der Straßenverkehr quälte sich durch die enge Friedrichstraße; 1882 erhielt sie einen Bahnhof, über den nicht nur die Fahrgäste der Eisenbahnen, sondern später auch der S-Bahnen fluteten, wobei die Schienen zur Freude der Passanten über ihren Köpfen auf einer Hochbahntrasse verliefen. Zu dieser Zeit funktionierte die Friedrichstraße wie eine Art Menschenpumpe, die Touristen und Berliner in den umliegenden Straßen zirkulieren ließ.

Doch schon vor dem Ersten Weltkrieg begann sich im neuen Westend in ›Konkurrenz‹ zum alten Zentrum ein zweiter Schwerpunkt des Großstadtlebens herauszubilden: In den damals noch selbständigen Gemeinden Schöneberg, Wilmersdorf und Charlottenburg entwickelte sich der Kurfürstendamm zu einer attraktiven Flaniermeile.

Anders als der Zweite hinterließ der Erste Weltkrieg die bauliche Substanz der Friedrichstraße unbeschadet; wie im kaiserlichen, so blieb auch im republikanischer Berlin die Friedrichstraße ein Zentrum des Konsums, der Unterhaltung und des Kulturbetriebs – trotz zahlreicher Pleiten infolge des Krieges und der Inflation.

Geschäftigkeit am Tage und blühendes Nachtleben aber ließen vorerst nicht nach. Die Dominanz kleiner Privatbühnen in der Theaterszene gestattete eine größtmögliche Pluralität an Stilen, Inhalten und Publikum. Amerika hielt Einzug mit Broadway-Revuen und Girl-Truppen. Auch in der Friedrichstraße wirkte sich der Trend vom Arbeiter zum Angestellten, von der Warenproduktion zur Büroarbeit und zu einem wachsenden Anteil von Frauen an der Erwerbstätigkeit aus.

Von der Machtübernahme durch die Nationalsozialisten mit all ihren fatalen Folgen konnte die Friedrichstraße nicht unberührt bleiben. Die sogenannte »Arisierung« von Geschäften, Restaurants und Immobilienbesitz vertrieb alteingesessene Unternehmen. Stellvertretend für eine ganze Reihe ähnlicher Fälle sei hier nur auf das Beispiel Kempinski verwiesen: Nach 1933 mußte die Familie das Restau-

Nachher – die Gebäude des American Business Center füllen den vormals leeren Platz.

rant in bester Lage aufgeben und emigrierte nach London, wo sie wiederum ein Restaurant eröffnete, bevor sie 1945 in den westlichen Teil Berlins zurückkehrte. Die zahlreichen Bühnen der Friedrichstraße bluteten mit dem Verlust jüdischer und politisch nicht genehmer Schauspieler und Artisten, Regisseure und Autoren aus, diverse Stücke durften nicht mehr aufgeführt werden, und auch ausländische Stars blieben schließlich fern. Bereits während des Zweiten Weltkrieges war die Friedrichstraße ziemlich heruntergekommen: In Varietés wie dem »Wintergarten« mit ihren nunmehr fünftklassigen Programmen blieben die Zuschauerräume halbleer, dagegen waren »bei den billigen ›Kunstläden‹ in der Friedrichstraße … die Fenster voll mit Bildern von reizend ausgezogenen Mädchen, die zu jeder Tageszeit ein stattliches Publikum anziehen«, wie der amerikanische Korrespondent Howard K. Smith im Jahre 1942 zu berichten wußte.

Im Bombenhagel schließlich wurden die Dorotheen- und die Friedrichstadt zu Trümmerwüsten.

Die katastrophale Zerstörung und die Teilung der Stadt bescherten der Friedrichstraße eine zerrissene Existenz am Rande sowohl Ost- als auch West-Berlins. Gleichwohl war sie auch für die DDR, zu der der bedeutendere Teil der Straße im Stadtbezirk Mitte zählte, immer noch eine Vorzeigeadresse. Sie schien für die politisch Verantwortlichen so interessant zu sein, daß schließlich im Februar 1984 die XV.

Bezirksdelegiertenkonferenz der SED den »Wiederaufbau der im Zweiten Weltkrieg zerstörten Friedrichstraße« beschloß. Resultat dieser Entscheidung war u. a. der Bau des 1987 eröffneten »Grand Hotels«; andere Gebäude erlebten die »Wende« nur im Rohbau – so ein Kaufhaus mit Restaurants und Cafés, das inzwischen den FriedrichstadtPassagen weichen mußte – oder im Planstadium, wie der anvisierte Neubau eines Hotels samt »Wintergarten« am Platz des alten »Central-Hotels«; diese Pläne wurden mit dem Zerfall der DDR im November 1989 obsolet. Neubauten früherer Jahrzehnte mußten bereits bestimmte Bedingungen erfüllen wie z. B. jene, sich an der Höhe historischer Gebäude Unter den Linden zu orientieren.

Die Theatervergangenheit der Friedrichstraße blieb in ihrem nördlichen Teil erhalten: Brechts 1949 gegründetes Berliner Ensemble, kurz »BE« genannt, spielte am Schiffbauerdamm, sozusagen ›um die Ecke‹ fand man das Deutsche Theater und direkt an der Friedrichstraße als Vertreter der leichten Muse den Friedrichstadtpalast (ein irreführender Name, denn er liegt nicht im Gebiet der Friedrichstadt), dessen Neubau im Jahre 1984 eingeweiht wurde. Letzterer sticht durch seine ungewöhnliche Fassadengestaltung hervor: Plattenbauweise und geschwungene, ornamentale Formen sind hier eine bizarre Verbindung eingegangen. Schließlich gab es weiter südlich auch noch die Komische Oper in der

Der städtebauliche Entwurf von Nalbach + Nalbach zur Umgebung des Bahnhofs Friedrichstraße, Blick von Norden, in der Bildmitte die Spreebiegung mit dem Bahnhof Friedrichstraße, darüber das Internationale Handelszentrum.

Behrenstraße. Die wenigen Hotels Ost-Berlins konzentrierten sich zum großen Teil in der Friedrichstraße und Unter den Linden: so das gleichnamige Hotel, das 1966 nach Plänen von Heinz Scharlipp und Günter Boy an Stelle des alten »Hotel Victoria« entstand, das 1977 an der Ecke Friedrich-/Clara-Zetkin-Straße erbaute »Hotel Metropol« sowie das »Grand Hotel« an der Ecke Friedrich-/Behrenstraße. Das 1978 in Zusammenarbeit mit einem japanischen Konzern erbaute internationale Handelszentrum gleich neben dem Bahnhof Friedrichstraße, mit fast 100 Metern eines der höchsten Gebäude dieses Teils der Stadt, symbolisierte wirtschaftliche Potenz. Das »Haus der sowjetischen Wissenschaft und Kultur« sollte nicht nur die sozialistischen Brudervölker einander näher bringen, sondern beherbergte auch eine – unvergleichliche Wortschöpfung – »Nationalitätengaststätte« namens »Wolga«. An der Stelle des

alten »Café Bauer« eröffnete in den sechziger Jahren das von Werner Strassenmeier entworfene »Lindencorso«, Restaurant, Café und Bar mit gläserner Front – übrigens wird auch das hier geplante deutsch-französische Geschäfts- und Kulturzentrum wieder so heißen. Die Friedrichstraße sollte den Besuchern Ost-Berlins und den Bürgern der DDR den Eindruck von Weltoffenheit, Gastlichkeit, internationalem Flair und nicht zuletzt materiellem Wohlergehen vermitteln – insofern war sie trotz aller Einbußen eine Art Visitenkarte der Hauptstadt der DDR.

Doch gerade auch in der Friedrichstraße fand tagtäglich der Kalte Krieg statt: an der Kreuzung Kochstraße, wo die Mauer die Straße unterbrach und sich der legendäre alliierte Kontrollpunkt »Checkpoint Charlie« befand; auf dem Bahnhof Friedrichstraße mit dem sogenannten »Tränenpalast«, meistfrequentierter Grenzübergang zwischen Ost- und West-Berlin und Ort des häufigen Abschiednehmens für viele Verwandte und Freunde; in den düsteren Geisterbahnhöfen der U-Bahn-Linie 6, die auf ihrem Weg zwischen Kreuzberg und Wedding unter der Friedrichstraße entlangfuhr, ohne dort anzuhalten.

Das Jahr 1989 markiert hier wie an vielen anderen Orten Berlins den Beginn einschneidender Veränderungen. Spätestens nach dem Hauptstadtbeschluß 1992 waren sich Stadt und Bundesregierung einig, daß das alte Zentrum Berlins in dieser Eigenschaft wiederbelebt werden sollte. Schneller reagierten viele private Investoren, die unmittelbar nach dem Fall der Mauer die Friedrichstraße als ›ihr‹ Terrain entdeckten. In der Folgezeit setzte im Bereich Friedrichstraße, Leipziger Straße und Unter den Linden ein wahrer Planungsboom ein, an dem öffentliche Bauvorhaben einen eher geringen Anteil hatten – kapitalkräftige Großunternehmen wirkten bei der Formung des neuen Stadtbildes maßgeblich mit. Konfrontiert mit einer Schwemme von Bauanträgen, sahen sich verantwortliche Senatsstellen vor die Aufgabe gestellt, unter immensem Zeitdruck die politisch-administrativen Richtlinien zur künftigen Stadtentwicklung zu formulieren. Einige Ergebnisse seien hier skizziert: das historische Straßennetz und die daraus entstan-

Der Gendarmenmarkt und die FriedrichstadtPassagen: in der Bildmitte Quartier 205 von Oswald Mathias Ungers, links daneben Quartier 206 von Pei, Cobb, Freed & Partners, am linken Bildrand im Anschnitt die »Galeries Lafayette« von Jean Nouvel (Quartier 207). Als Passage kann man die drei Quartiere nur unterirdisch erleben; auf der Straße besteht keine durchgängige Verbindung zwischen diesen sehr unterschiedlichen Gebäuden. Blick von Südwesten.

Modell Quartier 206.

denen Baufluchten der Straßen und Plätze sind zu berücksichtigen bzw. zu rekonstruieren. Die maximal zugelassene Höhe der Bebauung beträgt bis zur Traufe 22 (die vielzitierte »Traufhöhe«) und bis zum First 30 Meter. Eine Voraussetzung für die Vergabe der Baugenehmigung ist ein Anteil von ca. 20 % der Bruttogeschoßfläche an Wohnnutzung. Grundlage für die Bebauung ist das städtische Haus auf einer Parzelle; die maximale Parzellengröße ist der Block.

Dieses Regelwerk gehört zu einem »Städtebaulichen Strukturplan«, der im Rahmen der »Kritischen Rekonstruktion« für die Dorotheen-/Friedrichstadt entwickelt und 1992 veröffentlicht wurde. Für das Zentrum Berlins bedeutet dies, daß es »in seinen historischen Schichten, seinen Abfolgen städtischer Räume und seiner differenzierten Nutzungsvielfalt, aber auch als Ort zeitgenössischer Architektur wieder erfahrbar werden« soll.

Dank des atemberaubenden Tempos, das die Investoren aus der Wirtschaft vorgelegt haben, werden überall in der Friedrichstraße Lücken geschlossen, Blockränder bebaut, Solitäre mit einer Umbauung versehen und »Quartiere« genannte Großblöcke, teilweise unter Einbeziehung vorhandener Bebauung, völlig neu entworfen. Mittlerweile sind erste Ergebnisse der baulichen Aktivitäten zu sehen: die FriedrichstadtPassagen oder der Hofgarten am Gendarmenmarkt sind bezogen und werden im Laufe des Jahres 1996 offiziell eröffnet. Andere Gebäude erhalten gerade ihre Fassaden, stehen bereits im Rohbau oder sind zumindest schon als Baugruben zu besichtigen.

So gut wie alle Neubauten sind wie folgender Typus eines gemischtgenutzten Geschäftshauses aufgegliedert: Im Erdgeschoß, erstem Unter- und Obergeschoß findet man Läden und Gastronomie, im zweiten bis sechsten Obergeschoß Büros, im siebenten und achten Wohnungen und Appartements. Tiefgaragen und Erschließungsanlagen erstrecken sich zuweilen bis in das vierte Untergeschoß.

Wir spazieren vom Checkpoint Charlie mit einigen Abstechern in Richtung Norden. Der Weg führt vom American Business Center direkt durch die Allee exklusiver Geschäfte zwischen Leipziger Straße und Unter den Linden auf der immer noch recht schmalen Friedrichstraße, wo besonders das für Berlin ungewöhnliche Quartier 207, ein Bau des französischen Architekten Jean Nouvel, ins Auge fällt. Wir überqueren die »Linden« und gelangen schließlich zum Bahnhof Friedrichstraße.

Das Büro-, Wohn- und Geschäftshaus von Josef Paul Kleihues zwischen Mauer-, Zimmer- und Friedrichstraße steht auf einem kleinen, dreieckigen Grundstück und wird daher »Triangel« genannt. Die Fassade zur Mauerstraße ist in den Bürogeschossen vollständig verglast, während auf den beiden anderen Seiten horizontale Fensterbänder die Travertinverkleidung gliedern.

Lage Friedrichstraße 204, 10117 Berlin-Mitte | **Bauherr** TCHA-Grundstücke Berlin GbR, Berlin | **Architekt** Josef Paul Kleihues, Berlin | **Mitarbeiter** P. Bastian (Projektleiter), N. Hensel, M. Angelini, R. Fritz | **Bauzeit** 1994-1996 | **Nutzung** 4 Läden, 94 Büros, 9 Studios, 2 Wohnungen

Lage Friedrichstraße, 10117 Berlin-Mitte | **Bauherr** Projektentwicklung American Business Center GmbH & Co. Checkpoint Charlie KG, Berlin | **Architekten** David Childs/Skidmore, Owings & Merril, New York (Quartier 105), Philip Johnson, New York (Quartier 106), Jürgen Engel/Kraemer, Sieverts & Partner, Frankfurt a.M. (Quartier 200), Lauber & Wöhr, München (Quartier 201 A) | **Bauzeit** 1994–1997/98 | **Nutzung** Büros 75.400 m², Läden, Kultur, Gastronomie 17.400 m², Wohnungen 23.200 m²

Im gegenüberliegenden Quartier 106 konzipiert Philip Johnson ein sehr ›bodenständig‹ erscheinendes Büro- und Geschäftshaus, dessen Fassade vertikale und horizontale granitverkleidete Flächen gliedern. Die Eingangsbereiche akzentu-

ieren Glas-Vorhangelemente, die markisenartig nach oben zurückfließen. Details wie halbkreisförmige Fenster in den Gauben oder kleine, glasgedeckte Pyramidendächer auf den Ecken schmücken die Dachzone.

Von Süden kommend trifft man linker Hand auf einen aus fünf Baukörpern bestehenden Komplex von David Childs (Quartier 105). Neben der interessanten Gebäudekomposition, die an der Mauer- und an der Friedrichstraße Altbauten einbezieht, fällt ein aus der Fassade herausragender runder Baukörper ins Auge: das »Tower Building«, in dem ein Treppenhaus steckt. Die Kombination der fünf Häuser zwischen Zimmer- und Mauerstraße erzeugt vier Innenhöfe, drei rechteckige und einen dreieckigen im Knick des L-förmigen Gebäudes entlang der Zimmerstraße. Unterschiedliche Fensterformen und Gliederungselemente lassen die Fassade, die zwischen Naturstein und großen Glasflächen wechselt, lebhaft und dabei ausgewogen erscheinen.

Der Entwurf des Münchner Architekten-teams Lauber & Wöhr für den Block 201A schließt den Blockrand. Die leichte und transparente Architektur antwortet auf den massiv wirkenden Johnson-Bau mit einer vollständigen Verglasung an der Ecke Friedrich-/Schützenstraße. Das Gebäude weist eine sachlich wirkende, horizontale Gliederung in Sockel, Mittelzone und Attika auf. Ein eleganter Eingangsbereich führt in eine großzügige Lobby.

Zwischen Schützen- und Zimmerstraße errichtet der Architekt Jürgen Engel im Quartier 200 ein Büro- und Geschäftshaus. Zugleich entsteht hier eine Mauergedenkstätte, die mit einer Ausstellung an die historische Bedeutung dieses Ortes erinnern soll. Eine nach oben offene Rotunde durchbricht im südlichen Drittel das rundum großzügig verglaste Gebäude; sie korrespondiert mit dem gegenüberliegenden »Tower Building« von David Childs.

Lage Schützen-, Markgrafen-, Zimmer-, Charlottenstraße, 10117 Berlin-Mitte | **Bauherr** Dr. Peter und Isolde Kottmair GbR, München | **Architekten** Aldo Rossi, Milano, mit Bellmann + Böhm, Berlin | **Mitarbeiter** L. Meda (Haus Nr. 12), M. Scheurer, M. Kocher, M. Broglia, S. Gianoli, E. Pincherle | **Bauzeit** 1994 – 1996 | **Nutzung** Läden ca. 5.110 m², Büros ca. 23.538 m², Wohnen ca. 5.945 m²

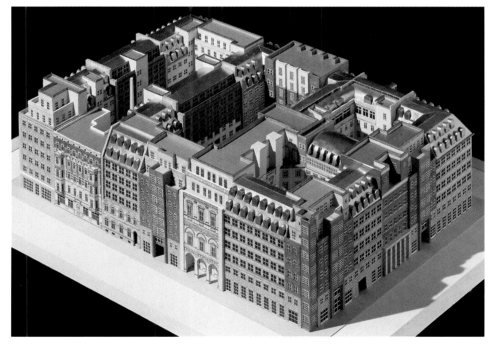

Vom Checkpoint Charlie ist es nur ein kleiner Abstecher zum Quartier Schützen-, Markgrafen-, Zimmer-, Charlottenstraße, das einen großen Berliner Block einnimmt. Dieses in Zusammenarbeit zwischen dem Mailänder Architekten Aldo Rossi und dem Berliner Büro Bellmann & Böhm entwickelte Projekt ist wie eine Collage von Haustypen unterschiedlichster Stilrichtungen angelegt, betont dabei die frühere Parzellenstruktur und greift die Tradition der Berliner Hinterhöfe auf. Neben der Fassadenvielfalt sieht die Planung eine hohe Funktionsmischung vor, was dem Quartier Lebendigkeit verleihen soll. Auch ist der zwanzigprozentige Wohnanteil hier nicht auf die Dachgeschosse verteilt, sondern auf eigens dafür konzipierte Häuser.
Oben: Blick von Norden auf die Schützenstraße.
Unten: Blick von Südosten auf die Zimmer-/Markgrafenstraße.

An der Ecke Friedrichstraße, Leipziger Straße baut der Kölner Architekt Thomas van den Valentyn ein neungeschossiges Büro- und Geschäftshaus an die Stelle des 1991 fast fertiggestellten und nie genutzten gläsernen Casinos. Fenster mit grünen Glasscheiben in schmalen Edelstahlrahmen gliedern die schwarze Granitfassade. Oberhalb der stählernen Attikazone finden sich nur noch Metall und grünes Glas. Über einen zentralisierten Eingangsbereich betritt man ein großes Atrium in rotem Marmor, von dem aus lange Treppenabsätze nach oben führen.

Oben: Ansicht Friedrichstraße, Ecke Leipziger Straße.
Unten: Wohnanteil in den drei zurückgestaffelten Dachgeschossen.

Lage Leipziger Straße 106-111, 10117 Berlin-Mitte | **Bauherr** VICTORIA Lebensversicherung AG, Düsseldorf | **Projektentwicklung** HINES Grundstücksentwicklung GmbH, GBB Gewerbebau-Beratung GmbH | **Architekten** Thomas van den Valentyn, Köln, mit Norbert Kostka | **Mitarbeiter** B. Driessen, B. Baumewerd, L. Baumewerd, A. Adler, A. Schoth, Ch. Merten | **Bauzeit** 1996–1997 | **Nutzung** Büros 9780 m^2, Einzelhandel 5459 m^2, Wohnen (separates Wohnhaus Leipziger Straße) 3201 m^2

»Atrium« nennt sich der Komplex gegenüber, auf der rechten Seite. Die Architekten von Gerkan, Marg und Partner rekonstruieren hier nicht nur das historische Straßenprofil, sondern nehmen auch Elemente der Berliner Bautradition auf: etwa die zweigeschossigen Arkaden im Sockelbereich oder den Turm, der die Gebäudeecke zurückhaltend akzentuiert. Eine attraktive Besonderheit dieses Blocks ist die von der Friedrichstraße zugängliche glasüberdachte Halle, die sich parallel zur Leipziger Straße über 45 Meter erstreckt. Natursteinfassaden, große Glasflächen und eine mediterrane Bepflanzung sollen in diesem zu 80 % mit Büros belegten Gebäude eine angenehme Atmosphäre schaffen.

Oben: Leipziger/Ecke Friedrichstraße.
Unten: Innenansicht der Halle.

Lage Ecke Friedrich-/Leipziger Straße, 10117 Berlin-Mitte | Bauherr Grundstücks-Kommanditgesellschaft Kullmann & Co. Quartier 203, Berlin | Projektentwicklung ECE Projektmanagement GmbH, Hamburg | Architekten von Gerkan, Marg & Partner, Hamburg (Volkwin Marg) | Mitarbeiter Ch. Hoffmann (Projektleiter), B. Dieckmann, S. Djahanschah, T. Naujack, E. Witzel | Bauzeit 1995 – 1997 | Nutzung Büros 20.600 m², Geschäfte 3.250 m², Wohnen 1.150 m²

Computersimulationen: VAP

Schräg gegenüber ensteht im Quartier 109 das »Kontorhaus«, eine nach dem von Josef Paul Kleihues entwickelten Baukastenprinzip fünfteilige Parzellenbebauung, die vier verschiedene Architekten gestalten. Ein glasüberdachter Lichthof im Innern des Komplexes verbindet die Einzelhäuser miteinander.

Im Bild von links nach rechts die Entwürfe von: K. T. Brenner (Eckhaus), J. P. Kleihues, W. Stepp (Eckhaus) und V. M. Lampugnani/M. Dörrie. Letzteres ist als Büro- und Geschäftshaus mit variabler Flächenaufteilung konzipiert und zeigt an der Mohrenstraße eine kompakte, glatte Fassade aus hellem Sandstein. Für die Sockelzone ist eine Basaltverkleidung vorgesehen.

An der Ecke zur Mohrenstraße baut der
Berliner Architekt Walther Stepp ein
würfelartiges Haus. Von der Fassade aus
Terrakotta-Panelen in dunklem Rotblau
heben sich silbergraue Rahmenprofile
deutlich ab.

Lage Friedrichstraße 185-190, 10117 Berlin-
Mitte | **Bauherr** Kontorhaus Friedrichstraße &
Co. Investitionsgesellschaft, ARGENTA Interna-
tionale Anlagegesellschaft mbH, München,
HANSEATICA Unternehmens Consulting
GmbH, Hamburg | **Architekten** Josef Paul
Kleihues, Berlin (Haus A, C, D), Vittorio Magnago
Lampugnani/Marlene Dörrie, Frankfurt a. M.
(Haus E), Walther Stepp, Berlin (Haus F), Klaus
Theo Brenner, Berlin (Haus B) | **Bauzeit**
1994–1996 | **Nutzung** Büros, Läden/Gastro-
nomie, Wohnen

Airbrush-Illustrationen: Ursula Barczyk-Korejwo

In der Bildmitte, Ecke Friedrich-, Kronen-
straße sieht man einen Entwurf des Berliner Architekten Klaus Theo Brenner.
Diese Fassade wird aus dunkelgrünen
Steinplatten mit hervorstehenden Alumi-
niumlamellen und Fensterrahmen aus
dem gleichen Material gebildet.
Links und rechts im Anschnitt die
Gebäude von Josef Paul Kleihues.

Airbrush-Illustrationen: Ursula Barczyk-Korejwo

Lage Friedrichstraße 66–70/Charlottenstraße
57–59/Mohrenstraße 46–50/Taubenstraße
14–15, 18, 10117 Berlin-Mitte | **Bauherr**
Tishman Speyer Berlin GmbH & Co. Friedrich-
straße KG, Berlin | **Architekten** Oswald Ma-
thias Ungers & Partner, Köln/Berlin | **Mitarbei-
ter** K.-H. Winkens, S. Klatt (Projektleitung), R.
Beyer, Ch. McCarthy, H. Daiber, G. Funke-Kaiser,
A. Leonhardt, B. Lutz, J. Nillesen, T. Scheel, B.
Schindler, N. Zarattini | **Bauzeit** 1992–1996 |
Nutzung Läden 16.000 m², Büros 33.000 m²,
36 Wohnungen mit 60–110 m²

Photos: Th. Peschel

Ein Ausblick, wie ihn nicht jeder von seinem Schreibtisch aus oder in der Dach-
geschoßwohnung sitzend genießen
kann. – Und irgendwann wird hier auch
der letzte Baukran verschwunden sein.

Das Quartier 205 des Kölner Architekten Oswald Mathias Ungers reicht bis zum Gendarmenmarkt. Die gewaltigen Abmessungen des Gebäudes werden von einer hellen Elbsandsteinverkleidung aufgefangen. Seine Wirkung bezieht es in starkem Maße aus der souveränen Zurückhaltung des Architekten und einem Hauptgestaltungselement, dem Quadrat. Dieser geometrischen Form huldigt Ungers außen wie innen und vermag durch elegante, gut proportionierte Eingangsbereiche in das Innere des Gebäudes zu ziehen.

Photo: S. Müller

Im Inneren des Gebäudes lockt u. a. das Atrium mit seinen vielen Geschäften und gastronomischen Einrichtungen.

Der New Yorker Architekt Henry N. Cobb aus dem Büro Pei, Cobb, Freed & Partners hat dem anschließenden Quartier 206 eine stark durchgearbeitete Fassade gegeben, deren spitzwinklige, das Dach durchdringende Vorsprünge von herausragenden und unvermittelt wieder abbrechenden Horizontalen durchschnitten werden. Die Rasterstruktur erweckt außerdem den Eindruck, als sei ein Netz über das Ganze geworfen. Der zweigeschossige Eingang mit Elementen des amerikanischen Art déco an der Ecke Jägerstraße führt in das Innere dieses verspielt wirkenden Hauses. Über sternförmig angeordnete Passagen erreicht man das linsenförmige Atrium mit seinen umlaufenden Galerien (s. Abb. gegenüber).

Verschwenderisch in Formen, Farben und Materialien gestaltet Henry N. Cobb die Innenräume des Gebäudes. Steinintarsienböden, geschwungene Treppenaufgänge und kristallines Oberlicht geben ihm ein luxuriös und fast fremdländisch anmutendes Inneres.
Bei Dunkelheit winden sich Lichtbänder um das Haus, da die aus opakem Glas bestehenden Fronten der Horizontalen von innen beleuchtbar sind.

Lage Friedrichstraße 71 – 74, 10117 Berlin-Mitte | **Bauherr** Jagdfeld FriedrichstadtPassagen Quartier 206 Vermögensverwaltungs KG, Berlin | **Architekten** Pei, Cobb, Freed & Partners, New York | **Mitarbeiter** Henry Nichols Cobb (Entwurfspartner), G. H. Miller (leitender Partner), Th. J. Musho (leitender Architekt), B. McNally (Projektleiter), F. Sulzer (Vorhangfassade), G. Jell (Projektarchitekt) | **Bauzeit** 1992 – 1996 | **Nutzung** Läden 6.588 m², Büros 11.760 m², Wohnungen 1.051, 25 m², öffentliche Flächen 1.516 m²

Mit einer voluminösen Rundung an der Ecke Französische Straße schließt Jean Nouvels Quartier 207 die Friedrichstadt Passagen ab. Dieser gläserne Bau, der seit Februar 1996 das französische Kaufhaus »Galeries Lafayette« aufnimmt, kann in vielerlei Hinsicht als ein Einzelstück gelten. Im Zentrum dieser Planung steht für den Pariser Architekten das Spiel mit Licht und Spiegelungen durch entsprechende Materialwahl. Bei sonnigem Wetter spiegelt die Fassade in bizarren Formen die Umgebung des Gebäudes wider.

Im Inneren erwartet den Besucher eine perfekte Lichtinszenierung: Große, sowohl in den Himmel als auch bis in die Tiefgeschosse hineinreichende Kegel beleuchten die Räume mit einer Mischung aus natürlichem und Kunstlicht. Ein besonders reizvolles Arbeitsumfeld erhalten die Beschäftigten, deren Büros um die verschiedenen Abschnitte des Kegels angelegt sind.

Lage Französische Straße/Friedrichstraße/Jägerstraße, 10117 Berlin-Mitte | **Bauherr** Euro-Projektentwicklungs GmbH | **Architekt** AJN Architectures Jean Nouvel, Paris | **Mitarbeiter** L. Daude, J. Simon (Wettbewerb und Planung), N. Weber, W. Kruse (Wettbewerb), V. Morteau, M. Raasch (Planung) | **Bauzeit** 1993–1996 | **Nutzung** Läden 3.888 m², Büros 23.953 m², Modehaus 11.095 m², Wohnen 1.614 m²

Photos: Robert Grahn

An der Schnittstelle beider Kegel vermittelt sich auf eindrucksvolle Weise zugleich die Höhen- und Tiefendimension des Gebäudes, die Lichtirritationen erreichen ihr Maximum. Erkennbar bleibt aber auch in dieser Situation der spielerische Charakter; denn wer wollte ernsthaft mit der Schönheit des natürlichen Lichts konkurrieren.

Der nahegelegene Gendarmenmarkt lädt zu einem weiteren Abstecher ein. Die Taubenstraße hinuntergehend entdeckt man das »Carré am Gendarmenmarkt«, das aus zwei Neubauten in der Markgrafenstraße 34 und 36 und einem von Grund auf renovierten Altbau als Quergebäude gebildet wird. Wenn wir uns diese besten Adressen ansehen, erkennen wir vermutlich in der Hausnummer 34 ein Werk des Architekten Josef Paul Kleihues, der hier einen modernen Eckturm errichtet und damit eine Verbindung zum Turm des Deutschen Doms hergestellt.

Lage Markgrafenstraße 34 Mohrenstraße 45, 10117 Berlin-Mitte | **Bauherr** Aufbaugesellschaft GbR, Berlin | **Architekt** Josef Paul Kleihues, Berlin | **Mitarbeiter** P. Bastian (Projektleiter), N. Hensel, A. Heupe, R. Fritz, C. Schulz, M. Alshut | **Bauzeit** 1994 – 1996 | **Nutzung** Läden ca. 591 m², 80 Büros, 9 Wohneinheiten

Das Eckgebäude Tauben-/Markgrafen-straße entwarfen die Münchner Architek-ten Heinz Hilmer und Christoph Sattler. Es wirkt mit seiner klaren Fassadenstruk-tur ausgesprochen zurückhaltend. Auffal-lend ist lediglich die Diskrepanz zwischen den weiten Schaufenstern im Sockelge-schoß und den vielen kleinen Fensteröff-nungen in den Obergeschossen.

Lage Markgrafenstraße 36, 10117 Berlin-Mitte | Bauherr Aufbaugesellschaft GbR, Berlin | Architekten Hilmer & Sattler Architekten, München (Heinz Hilmer, Christoph Sattler) | Mitarbeiter F. Treugut, Ch. Winter, B. Schelle, U. Greiler | Bauzeit 1994 – 1996 | Nutzung Läden 615 m², Büros 2.150 m², Wohnungen 550 m²

Das von Josef Paul Kleihues entworfene Luxushotel der kanadischen Four Seasons-Guppe mit heller Travertin-Fassade in der Charlottenstraße nimmt die ganze Breite des Blocks ein. Nur im Anschnitt sieht man in der Französischen Straße ein Geschäftshaus aus poliertem schwar-zen Granit, das Jürgen Sawade überzeugend streng und einfach durchbildet. Selbst in den Staffelgeschossen vermeidet er mittels sehr geringer Rücksprünge konsequent jede Auffälligkeit. In der Mitte befindet sich Haus »Borschardt« mit seiner rötlichen Altbaufassade.

Computersimulation: Archimation

Lage Gesamtquartier Friedrich-, Französische, Charlotten-, Behrenstraße 10117 Berlin-Mitte | **Bauherr** Hofgarten Real Estate B.V. | **Projekt-entwicklung** HINES Grundstücksentwicklung GmbH, Berlin | **Architekten** Josef Paul Kleihues, Berlin/Chicago (Hotel Charlottenstraße, Bürogebäude Behrenstraße); Jürgen Sawade, Berlin (Büro- und Geschäftsgebäude Französische Straße); Hans Kollhoff, Berlin (Bürogebäude Friedrichstraße); Max Dudler, Zürich/Berlin (Wohnhaus Behrenstr.) | **Bauzeit** 1993–1996 | **Nutzung** Büros ca. 22.000 m², Hotel 16.500 m², Wohnen ca. 8.000 m², Läden/Gastronomie ca. 3.500 m²

Der »Hofgarten am Gendarmenmarkt« im Quartier 208 ist ein weiteres Beispiel für das Baukastenprinzip, dessen Gesamtentwurf wiederum von Josef Paul Kleihues stammt. Im Nebeneinander ergänzen sich die Einzelhäuser optimal, und obwohl für die Bebauung dieses Blocks strenge Vorgaben für Traufhöhe und Fassadenaufbau gelten, ist es den Architekten gelungen, jedem Haus einen eigenständigen Charakter zu verleihen. Die Ansicht zeigt auf der Behrenstraße von links nach rechts noch eine Ecke des Hotels von Kleihues. Dann das Atelier-haus, für das er eine zart durchwirkte Glasfassade entworfen hat und damit einen Bezug und Kontrast gleichermaßen zu dem angrenzenden massiven Hotel-bau schafft. Die Glasfassade befindet sich hinter einer schmalen Reling, die eine Rundung bildet und damit die Form der leicht geschwungenen Erker an der Ho-telfassade aufnimmt. Daran schließt sich ein Wohnhaus von Max Dudler an und die Ecke zur Friedrichstraße bilden zwei Altbauten. Ein dritter, in der ursprüng-lichen Planung durch den Neubau von Hans Kollhoff eingerahmt, wurde abge-rissen. Am rechten oberen Bildrand: das Quartier 207 von Jean Nouvel.

Zurückhaltend präsentiert sich auch das von Max Dudler entworfene Wohnhaus in der Behrenstraße neben dem Altbestand an der Ecke.
Rechts im Anschnitt der Neubau von Hans Kollhoff.

Das Rosmarin Karree der Hamburger Architekten Böge & Lindner-Böge (Quartier 209 A) muß sich gegen das Bauvolumen des Hofgartens und des Lindencorso abgrenzen, zugleich aber Bezug nehmen auf die östlich angrenzende historische Bebauung, wie die denkmalgeschützten Gebäude der Commerz- und Privatbank. Daher fügen die Architekten eine höhere Scheibenbebauung mit reiner Wohnnutzung ein, die eine Abgrenzung bildet und dem Haus architektonische Identität verleiht. Im Vordergrund das »Grand Hotel«.

Lage Friedrich-, Behren-, Charlotten-, Rosmarinstraße, 10117 Berlin-Mitte | **Bauherr** Rosmarin Karree Grundstücks GmbH & Co., Berlin | **Projektentwicklung** Büll & Dr. Liedtke Projektentwicklungsgesellschaft mbH, Hamburg; HINES Grundstücksentwicklung GmbH, Berlin | **Architekten** Böge & Lindner-Böge, Hamburg | **Bauzeit** 1995–1997 | **Nutzung** Büros ca. 18.000 m², Wohnen, Läden, Gastronomie

Ovale Halle mit umlaufenden Galerien in
vier Stockwerken.

Lage Unter den Linden/Friedrichstraße/Ros-
marinstraße, 10117 Berlin-Mitte | Bauherr
Lindencorso Grundstücksgesellschaft mbH,
Berlin | Architekt Christoph Mäckler, Frank-
furt a.M. | Mitarbeiter J.-P. Fraune, B. Grimm,
Th. Meyer (Projektleiter), N. Elz, G. Düx, Z. Da-
mianova (Wettbewerb), S. Canton, B. Jakob,
J. Klein, S. Lüdermann, S. Walser, S. Widmer |
Bauzeit 1994–1996 | Nutzung Deutsch-
Französisches Kultur- und Geschäftszentrum,
Läden, Büros, Wohnungen

Computersimulation: Zlatka Damianova

Die Gliederung der Fassade orientiert sich an der direkten Umgebung und den Funktionen des Gebäudes. In der Friedrichstraße öffnen sich die Arkaden über zwei Stockwerke, und im Zwischengeschoß findet man mit etwas Glück einen Fensterplatz in einer Gastronomieeinrichtung mit dem traditionsreichen Namen »Café Bauer«.

An der Ecke zu den »Linden« besuchen wir den von Christoph Mäckler neu erbauten Lindencorso. Er ist als deutsch-französisches Geschäfts- und Kulturzentrum konzipiert und hält ein umfangreiches Nutzungsprogramm bereit. Neben den Vertretungen von etwa 20 verschiedenen französischen Regionen, einem Handels- und einem Studienzentrum gibt es ein Auditorium für unterschiedlichste kulturelle Veranstaltungen. Darüber hinaus finden sich an diesem Ort Wohnungen, mehrere Galerien und eine Vielzahl von Einzelhandelsgeschäften. Bei der zu erwartenden ständigen Bewegung im Gebäudeinneren tut Christoph

Mäckler sicher gut daran, nicht nur in Entsprechung der »Kritischen Rekonstruktion« einen ruhigen, steinernen Berliner Block zu schaffen. Allein die filigranen Metallfensterrahmen bilden einen Kontrast zu der Massivität des Sand- und Elmkalksteins.
Auf der Straße Unter den Linden befinden sich in einem stark gegliederten Sockel die repräsentativen Ladengeschosse.
Von beiden Straßen gelangt man in eine großzügige ovale Halle, die sich über vier Stockwerke erstreckt und auf umlaufenden Galerien ein beachtliches Warenangebot bereithält.

Zwischen Mittel- und Dorotheenstraße
(bis vor kurzem Clara-Zetkin-Straße) wird
der Block ergänzt durch ein Büro-, Wohn-
und Geschäftshaus von Miroslav Volf.
Auf T-förmigem Grundriß erhebt es sich
über acht Geschosse und verfügt wie die
meisten Gebäude in der Friedrichstraße
über eine Arkadenzone im Erd- und
ersten Obergeschoß. Als Baumaterial
wird Sandstein und für die vorgelagerte
Fassade sowie die Arkaden geschliffener
silberfarbener Kunststein verwandt.
Blick von Südwesten.

Lage Friedrich-/Dorotheen-/Mittelstraße,
10117 Berlin-Mitte | **Bauherr** Peter Duss-
mann, München | **Architekt** Miroslav Volf,
Saarbrücken | **Mitarbeiter** O. Brünjes,
P. Panak, C. Diez, W. Muscholl, S. Preßer, J.
Löhr, F. Gutmann, P. Minnebo, H.-P. Pelotte |
Bauzeit 1995–1996 | **Nutzung** Läden
2.800 m², Büros 6.100 m², Wohnen 560 m²

Computersimulation: VAP

In der angrenzenden Dorotheenstraße
entsteht nach Plänen der Architekten
Mario Campi und Franco Pessina ein
»Boarding House«, das nicht nur die Lücke
zwischen drei Altbauten schließt, sondern
auch architektonisch Bezug auf das
Gebäude von Miroslav Volf nimmt. Den
Architekten stellt sich die Aufgabe, zwischen dem prachtvollen Jugendstilhaus
links und den recht kärglichen Gründer-
zeithäusern auf der rechten Seite zu
vermitteln. Entsprechend filtern sie Merkmale wie Mittenbetonung, Erkervor-
sprung, Fünfer-Teilung und Horizontal-
bänder heraus und setzen sie in zeitge-
mäße Formen um. Blick von Norden in
die Dorotheenstraße.

Lage Dorotheenstraße 39–43, 10117 Berlin-
Mitte | **Bauherr** Peter Dussmann, München |
Architekten Mario Campi, Franco Pessina
mit Christian Volkmann, Lugano | **Bauzeit**
1995–1997 | **Nutzung** Boarding House,
Läden

Auf der anderen Seite der Friedrichstraße umschließt das in seinen Abmessungen sehr mächtige »Maritim proArte Hotel Berlin« den Block Mittel-, Friedrich-, Dorotheenstraße. Innerhalb seiner schweren, rechteckigen Baukörper birgt es das 1977 erbaute ehemalige Hotel »Metropol«, das ein Beispiel für die deutliche Abkehr von den historischen Baufluchten der Dorotheenstadt ist. Die Architekten Nettbaum und Partner haben diese nun wiederhergestellt und ein Gebäude mit einem neuartigen Nutzungskonzept geschaffen. Ansicht von Norden.

Hinter einer schwarzen Granitverklei-
dung, die durch türkisfarbene Details in
der Dachzone aufgefrischt wird, liegen
unterschiedlich große Hotelzimmer und
zahlreiche Konferenzräume. Hinzu kommen Dienstleistungsunternehmen,
Geschäfte und sogar Wohnungen, die
unter diesem Dach Platz finden.
Blick in die Dorotheenstraße.

Lage Mittel-, Friedrich-, Dorotheenstraße,
10117 Berlin-Mitte | **Bauherr** Deutsche Inter-
hotel | **Architekten** Nettbaum & Partner,
Berlin | **Bauzeit** 1993 – 1995 erster Bau-
abschnitt; 1996 – 1997 zweiter Bauabschnitt

Pariser Platz – Unter den Linden

Die Straße »Unter den Linden«, der sicherlich bekannteste Boulevard der deutschen Hauptstadt, reicht – eineinhalb Kilometer lang – von der Schloßbrücke zum Pariser Platz, wo bis heute das Brandenburger Tor den repräsentativen Abschluß dieser Allee bildet. Dieses berühmteste Wahrzeichen Berlins – seit vielen Jahren isoliert das einzige Bauwerk am Pariser Platz – war gleichermaßen Symbol der deutschen Teilung wie später das der deutschen Einheit. Unlängst konnte es als eines der ersten und exponiertesten Beispiele klassizistischer Baukunst, frisch restauriert, seinen 200. Geburtstag feiern. Über der Popularität dieses Bauwerks wird allerdings allzu leicht vergessen, daß es am Pariser Platz eine Reihe bekannter historischer Gebäude gab, die jedoch allesamt wie so viele andere Orte dieser Stadt den Kriegs- und Nachkriegszerstörungen zum Opfer fielen.

Angelegt wurde der berühmte Platz, der bis ins späte 19. Jahrhundert berüchtigt für sein schlechtes Pflaster war, schon in den 30er Jahren des 18. Jahrhunderts, als der preußische König Friedrich Wilhelm I. im Zuge der Stadterweiterung die Dorotheenstadt in westlicher Richtung bis zum Tiergarten vergrößern ließ. Das damals noch hölzerne und eher unauffällige Brandenburger Tor war der Abschluß der Dorotheenstadt und zugleich das Stadttor in Richtung Charlottenburg. Vor allem aber zur Regierungszeit Friedrichs II. begann die großzügige Bebauung mit barocken Palais, zumeist Wohnsitze

adliger Familien. Zur gleichen Zeit wurde der Platz auch gepflastert. Doch erst mit der Neugestaltung des Brandenburger Tors durch Oberhofbaudirektor Karl Gotthart Langhans, die 1789 begonnen und erst 1793 mit der Aufstellung der Quadriga beendet wurde, veränderte sich die städtebauliche Bedeutung des Platzes. Nicht länger ein Provisorium, sondern jetzt imposanter Eingangsbereich der ansonsten so bescheidenen preußischen Hauptstadt. »Der Weg von Charlottenburg nach Berlin ist sehr schön, der Einzug durch das Brandenburger Tor prächtig«, notierte der französische Kaiser Napoleon I. 1806 bei seinem Einzug in Berlin. Das »Quarée« war nun zum berühmten Vorplatz der Lindenallee geworden.

In den nächsten Jahrzehnten sollte sich an dieser Situation nicht viel ändern. Erst ausgangs des 19. Jahrhunderts, spätestens aber nach Ende des Ersten Weltkrieges begann die architektonische und vor allem eine funktionelle Umwandlung der ehemaligen Adelspalais aus dem 18. Jahrhundert in öffentliche Gebäude: das Gröditzbergsche Palais wurde 1922/23 zur »Deutschen Länderbank«, das Redernsche Palais wich schon vorher dem Neubau des legendären »Hotel Adlon«, das Arnimsche Palais erwarb der preußische Staat 1902 zur Unterbringung der »Königlichen Akademie der Künste«, das Blüchersche Palais wurde 1939 zur US-Botschaft und das Haus Pariser Platz Nr. 5 schließlich schon im Jahre 1862 Sitz der Kaiserlichen Französischen Gesandt-

Westseite des Pariser Platzes 1907.

schaft. Und es begann die Zeit, die Dieter Hildebrandt so treffend charakterisiert: »Adel, Geist, Kunst, Diplomatie, sie bildeten hier eine weitläufige, weltläufige Nachbarschaft.« Kurzum, eine besondere Art des Berliner Kiezes war hier entstanden und sollte sich bis zu den tiefen Eingriffen im Zweiten Weltkrieg bewahren. Aber auch ohne jene Kriegszerstörungen wäre das Schicksal der meisten Gebäude am Pariser Platz der Abbruch gewesen, denn viele standen auf der Liste des Hitler-Architekten Albert Speer, der seine größenwahnsinnigen Planungen für die neue deutsche Hauptstadt »Germania« mit dem Kahlschlag von Teilen des historischen Zentrums beginnen wollte.

In den Jahren nach Kriegsende wurden alle Ruinen abgetragen; der Platz war nun zum Grenzgebiet zwischen Ost- und West-Berlin geworden, und zur Sicherung dieser Grenzanlagen benötigte die DDR-Regierung eine gut zu überwachende Freifläche vor dem Brandenburger Tor.

Erst im Jahre 1990, also gleich nach dem Fall der Mauer, setzten Überlegungen ein, wie mit dieser öden Fläche, die immer noch den historischen Namen trug, planerisch umzugehen sei. Ein städtebauliches Gutachten zum Pariser Platz, das unter Leitung des Bauhistorikers Bruno Flierl und des Architekten Walter Rolfes erarbeitet wurde, kommt zu dem Ergebnis, daß es wünschenswert sei, an die bauliche Gestalt des Platzes vor seiner Zerstörung anzuknüp-

fen, keineswegs aber die verlorenen Gebäude wieder aufzubauen. Vielmehr soll der neue Platz »mit moderner Architektur bebaut werden, aber innerhalb eines Regelwerks, das dafür sorgt, daß das Brandenburger Tor als Grenzpassage ... das wichtigste Gebäude des Platzes bleibt«, so die maßgebende Aussage des Gutachtens. Die Senatsbaudirektion unter Hans Stimmann wollte hier aufgrund der nicht immer positiven Erfahrungen mit den baulichen Entwicklungen in der Friedrichstraße und den zum Teil übereilten Entscheidungen auf die Planung des Pariser Platzes wesentlich größeren Einfluß nehmen. So ist in den vergangenen Jahren ein Reglement entstanden, das bis ins Detail Vorgaben bereithält:

»Die Fassaden der neuen Gebäude am Pariser Platz sollen sich in Material und Farben am Brandenburger Tor orientieren, stumpfe, mineralische Oberflächen (Naturstein oder Putz) und eine Farbgebung zwischen hellem Ocker, Gelb und Grau haben. Auf verspiegelte Gläser kann zugunsten des relativ geschlossenen Charakters der Lochfassaden verzichtet werden.« (Flierl/Rolfes)

Nur bei einem besonders gelungenen und überzeugenden Architekturentwurf werden mitunter auch Ausnahmen gemacht – so im Fall Günter Behnischs, des Architekten des neuen Bonner Bundestages, dessen origineller Entwurf für die Akademie der Künste zunächst wegen vieler ›Regelwidrigkeiten‹ abgelehnt wurde, dessen Realisierung mittlerweile aber wohl sicher zu sein scheint. Inzwischen existieren für viele Parzellen Baugenehmigungen und ebensoviele Entwürfe; es spricht einiges dafür, daß man um die Jahrtausendwende einen vollständig bebauten, neuen Pariser Platz erleben wird.

Doch nicht nur der architekturhistorische Grundriß dieses Platzes, sondern auch die geschichtlich gewachsene Bedeutung einzelner Gebäude sollen in den Neuplanungen zur Wiederbebauung angemessen berücksichtigt werden. So wird bei der Planung an diesen Orten in neuer, nicht selten jedoch überaus stark an die historischen Vorbilder erinnernder Architektur an die alten Funktionen angeknüpft. Entstehen werden so neue Botschaften, Banken, die Akademie der Künste und ein Neubau des legendären »Hotel Adlon«.

Die Straße »Unter den Linden« – später viel bedichtet und besungen – war an ihrem Anfang nichts anderes als eine von Bäumen gesäumte Anlage mit eher dörflichem Charakter. Erst mit Entstehen der Dorotheenstadt begann auch hier Ende des 17. Jahrhunderts die Umgestaltung mit dem Bau erster imposanter höfischer Gebäude. Das Marstallgebäude, 1687/88 errichtet und erst zu Beginn dieses Jahrhunderts abgerissen und durch den Neubau der »Königlichen Bibliothek« (heute Staatsbibliothek) ersetzt, und der 1695 begonnene und 1706 vollendete Bau des Zeughauses bildeten den Auftakt.

Die eigentliche Bautätigkeit fand aber erst im 18. Jahrhundert statt. Vor allem Hofbeamte, andere Adlige und reiche Handwerker machten die »Linden« zu einem bevorzugten Berliner Bauplatz. Mit der Errichtung des Forum Fridericianum schließlich wurde ein Höhepunkt erreicht. Entstanden sind in dieser Zeit u. a. das »Königliche Opernhaus« (1741/43, heute Staatsoper), die Hedwigskirche (1747–1773, heute Hedwigskathedrale), das zweiflügelige großzügige Prinz-Heinrich-Palais (1748–1765), das im Jahre 1809 vom preußischen König der neugegründeten Universität zugewiesen wurde (heute Humboldt-Universität), und die Königliche Bibliothek (1775–1780), die sogenannte »Kommode«. Ebenfalls zur Regierungszeit Friedrichs II. wurden fünfzig ältere Häuser an dieser Straße aufgrund eines Immediat-Beschlusses durch höhere Gebäude ersetzt, so daß schließlich beide Seiten der Allee ein einheitliches und recht harmonisches Bild boten. In den achtziger Jahren des 18. Jahrhunderts wurden schließlich beide Straßenseiten gepflastert und erste Laternen auf dem immer noch sandig-staubigen Mittelstreifen aufgestellt.

Trotz einiger Neu- und Umbauten im 19. und 20. Jahrhundert hat die Straße ihren architektonischen Charakter bis in die Gegenwart erhalten können. Viele bedeutende historische Gebäude, durch Kriegszerstörungen beträchtlich in Mitleidenschaft gezogen, wurden – zumindest in vereinfachter Form – wieder aufgebaut. Die baulichen Eingriffe konzentrierten sich somit vor allem auf den ›Geschäftsteil‹ der »Linden«, d. h. jenseits der Kreuzung zur Friedrichstraße in Richtung Pariser Platz. Hier entstanden in den sechziger Jahren neben den noch erhaltenen Geschäftshäusern aus der Gründerzeit in Baulückenschließung einige moderne Neubauten im Zeitgeschmack. Eine Ausnahme ist die im Krieg zerstörte, ursprünglich in einem höfischen Palais aus dem 18. Jahrhundert untergebrachte russische Botschaft, deren gigantischer Neubau im Stile des »Sozialistischen Realismus« mit Ehrenhof und Seitenflügeln heute sicher eines der auffallendsten Bauwerke der Straße darstellt. Darüber hinaus ist es ein Zeugnis einer zwar an die klassizistischen Traditionen Berlins anknüpfenden Architektur, die zugleich aufgrund der härteren Formgebung und seiner eher kalt wirkenden Repräsentation auf die stalinistische Epoche verweist. Die Neugestaltung der Allee »Unter den Linden«, die bis heute vor allem durch ihren historischen Charakter geprägt ist, wird sich infolgedessen nur auf wenige Modernisierungen und Neubauten konzentrieren, die in ihren Planungen jedoch strengen Vorgaben unterliegen, um den besonderen städtebaulichen Ansprüchen dieser Straße zu genügen.

Als Ensemble mit dem ebenfalls neugestalteten Pariser Platz hat dieser Bereich zweifelsohne gute Chancen, wieder zu einem der repräsentativsten Orte Berlins zu werden. Denn die berühmten »Linden« sollen schließlich das Herz Berlins bleiben.

Wir machen vom Brandenburger Tor aus einen Rundgang über den Pariser Platz, gehen vorbei am Haus Liebermann, in dessen Vorgänger der berühmte deutsche Impressionist Max Liebermann bis 1935 lebte, der Akademie der Künste und dem Hotel Adlon. Für einige Grundstücke gibt es hingegen noch keine Visionen: Das auf der südlichen Seite des Tores befindliche Palais Blücher kam 1930 in den Besitz der USA, brannte schon ein Jahr später aus, wurde rekonstruiert und diente ab 1939 als Botschaft und wurde wie die anderen Gebäude des Pariser Platzes nach 1945 ›abgeräumt‹. Zur Zeit arbeiten sechs Architekturbüros im Auftrag des State Department an Entwürfen für einen Neubau; eine Entscheidung steht aber noch aus. Wettbewerbe für das Gelände der ehemaligen Französischen Botschaft und das angrenzende Grundstück Unter den Linden 78/80 müssen in der nächsten Zeit noch ausgelobt werden.

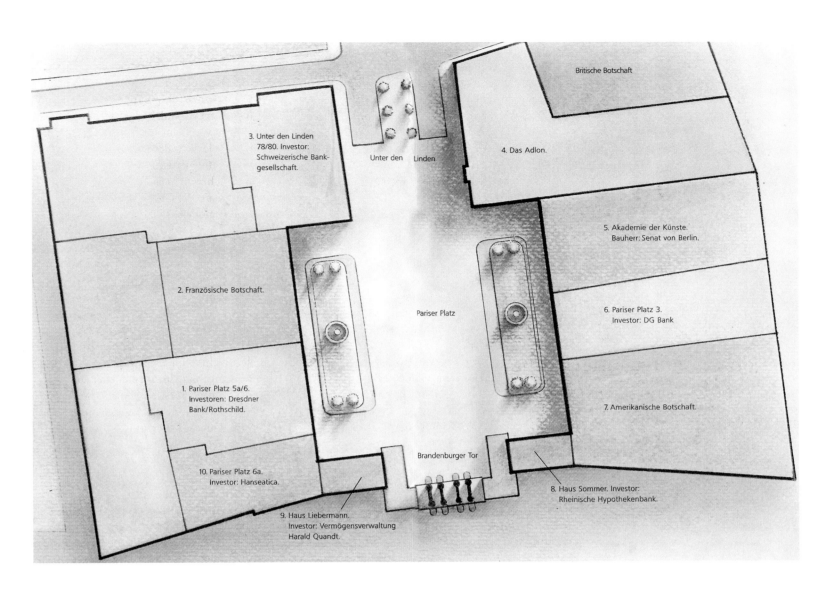

Britische Botschaft

3. Unter den Linden
78/80. Investor:
Schweizerische Bank-
gesellschaft.

Unter den   Linden

4. Das Adlon.

5. Akademie der Künste.
Bauherr: Senat von Berlin.

2. Französische Botschaft.

Pariser Platz

6. Pariser Platz 3.
Investor: DG Bank

1. Pariser Platz 5a/6.
Investoren: Dresdner
Bank/Rothschild.

7. Amerikanische Botschaft.

Brandenburger Tor

10. Pariser Platz 6a.
Investor: Hanseatica.

8. Haus Sommer. Investor:
Rheinische Hypothekenbank.

9. Haus Liebermann.
Investor: Vermögensverwaltung
Harald Quandt.

Im rechten Winkel zum Haus Liebermann, auf dem Eckgrundstück Pariser
Platz 6 a, plant Bernhard Winking ein
Wohn- und Geschäftshaus, das als zeit-
gemäße Rekonstruktion der historischen
Anlage August Stülers konzipiert ist. Dies
zeigt sich in der Materialität und der horizontalen Gliederung der geschlossenen
Platzwand mit den klassischen Fenster-
öffnungen, vornehmlich aber in den zen-

tralen Entwurfselementen: der Eingangs-
loggia am Pariser Platz, dem Turm mit
dem repräsentativen Treppenhaus und
dem glasgedeckten Innenhof. Für die
Fassade am Pariser Platz wird massiver
schlesischer Sandstein und für den
Sockel gestockter Granit verwendet, während die Hoffassaden hell verputzt und
mit einer großzügigen Verglasung versehen werden. Das Innere dieses hallen-

artigen Hauses präg eine weite Treppe,
die seitlich im Turm angelegt ist. Vom
Atrium aus führt eine einläufige Treppe
in den abgesenkten halböffentlichen
Innenraum. Dort befinden sich Emp-
fangsräume und ein Restaurant. Der ge-
forderte Wohnanteil st im zurückgestaffelten vierten Obergeschoß und den
Turmgeschossen untergebracht.

Lage Pariser Platz 6 a, 10117 Berlin-Mitte |
Bauherr TASCON zwölfte Beteiligungsgesell-
schaft mbH & Co. KG/Hanseatica, Hamburg |
Architekt Bernhard Winking, Hamburg, mit
Martin Froh, Berlin

Computersimulation: Stefan Lotz

Für »Haus Sommer« und »Haus Liebermann«, die einst das Brandenburger Tor
flankierten, hat Josef Paul Kleihues Zwil-
lingsbauten entworfen, die sich bis hin
zu den Stehbalkonen über den zentrier-
ten Eingängen an ihren historischen Vor-
bildern orientieren. Die klare, geschlossene, betont geometrische Fassade aus
hellem Elbsandstein weist Kleihues jedoch als einen heutigen Architekten aus.

In der bewußten Reduzierung eigener
Gestaltungsmöglichkeiten erinnert er an
die Geschichte dieses prominenten
Ortes, ohne die Vorgängerbauten zu ko-
pieren. Unterstrichen wird dieses Verhältnis von Nähe und Distanz durch eine
kleine Veränderung: Während Haus
Sommer und Haus Liebermann direkt an
das Tor anschlossen, hält der neue Entwurf einen unverbaubaren Spalt Abstand.

Lage Pariser Platz 1 (Sommer), 7 (Lieber-
mann), 10117 Berlin-Mitte | Bauherren Rhei-
nische Hypothekenbank, Frankfurt a. M., Harald
Quandt Grundbesitz KG, Bad Homburg |
Architekt Josef Paul Kleihues, Berlin | Mitar-
beiter N. Hensel, M. Koch, E. Scholz,
O. Schmidt, J. Krüger, M. Herrmann, R. Fritz |
Bauzeit 1996

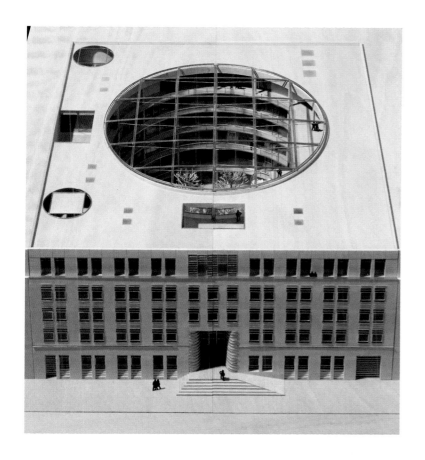

Einladend gestaltet ist der tiefliegende Eingang mit asymmetrischer Laibung und dekorativen Metallbändern, die zugleich die horizontale Schichtung des Gebäudes betonen.

Ansicht: T. Fulda

Auf dem anschließenden Grundstück an der Nordseite des Pariser Platzes errichtet das Hamburger Büro von Gerkan, Marg und Partner den künftigen Berliner Hauptsitz der Dresdner Bank. Da dieses quadratische Gebäude bis auf die Fassade zum Platz von allen Seiten umbaut sein wird, sieht der Entwurf einen kreisrunden überdachten Innenhof vor, der die vielen Büros mit Tageslicht versorgt.

Lage Pariser Platz 5a/6, 10117 Berlin-Mitte | **Bauherr** Dresdner Bank, Frankfurt a. M. | **Architekten** von Gerkan, Marg und Partner, Hamburg | **Mitarbeiter** V. Sievers (Projektleiter), P. Kropp, B. Queck, W. Hoehl | **Bauzeit** 1996 – 1997 | **Nutzung** Zentrale der Dresdner Bank

Modellphotos: H. Leiska

Das Gebäude an der Ecke Pariser Platz/ Wilhelmstraße wird auffallend dem 1945 niedergebrannten »Hotel Adlon« ähneln. Rüdiger Patzschke und Rainer-Michael Klotz lassen das ehemals mondäne Haus in einer blockhaften Großform gleichsam wiedererstehen. Vielerlei Gliederungselemente dienen dazu, die großflächige Fassade aufzulockern.

Lage Pariser Platz, 10117 Berlin-Mitte | **Bauherr** Fundus Fonds-Verwaltungen GmbH, Köln | **Architekten** Patzschke, Klotz und Partner, Berlin | **Innenarchitekten** Ezra Attia Associates, London/Living Design, Stockholm | **Bauzeit** 1995 – 1997 | **Nutzung** Hotel

Ebenfalls in Anlehnung an die Vergangenheit haben Ezra Attia Design eine Innenarchitektur entworfen, die Vorstellungen eines gediegenen Ambientes um die Jahrhundertwende wachruft.

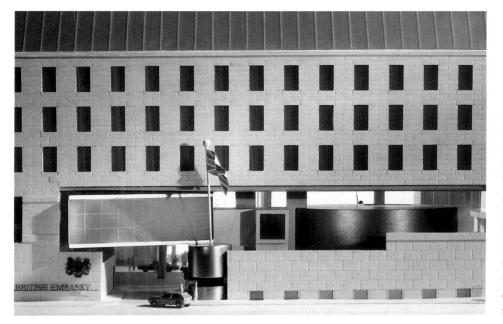

Rücken an Rücken mit dem Hotel Adlon und damit an ihrem Vorkriegsstandort entsteht in der Wilhelmstraße der Neubau der Britischen Botschaft. Michael Wilford hat für dieses Gebäude eine Fassade entworfen, die Tradition vermittelt, ohne auf Neues zu verzichten. Sie besteht aus einer glatten Steinfläche, die in den Obergeschossen durch ein regelmäßiges Fenstermuster gegliedert wird. Die Beletage und den Eingangsbereich dagegen markiert eine abstrakte Montage von bunten Metallformen.

Hinter seiner Fassade zeigt sich das Botschaftsgebäude unverhohlen modern: Mit einer ungewöhnlichen Raumkonstellation und dem Einsatz von durchscheinender Verglasung, die sowohl Tageslicht einläßt als auch den Blick auf hausinterne Vorgänge gewährt.

Dank der Größe des Grundstücks konnten die Architekten je einen Hof im Innen- und Außenbereich integrieren. Den Mittelpunkt des letzteren bildet eine englische Eiche. Ihr Wachstum wird der Durchschnittsbürger allerdings nicht verfolgen können – Sicherheitsgründe gestatten der Öffentlichkeit keinen Zugang.

Lage Wilhelmstraße, 10117 Berlin-Mitte | **Bauherr** Projektentwicklung Schal International, Berlin | **Architekt** Michael Wilford, London | **Bauzeit** 1997–1999 | **Nutzung** Britische Botschaft

Modellphotos: Chris Edgcombe

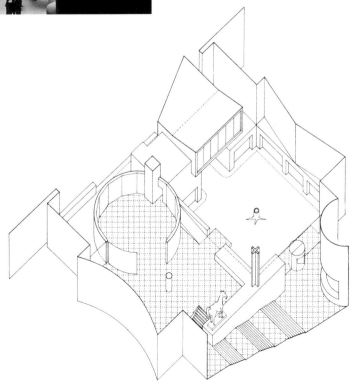

In seinem Entwurf für die Akademie der Künste nimmt Günter Behnisch die historische Bauflucht und Maßstäblichkeit auf; der Forderung nach geschlossenen Platzwänden kommt er jedoch nicht nach. Er schlägt eine Glasfassade vor, die aus manchen Blickwinkeln erlaubt, ganz durch das Gebäude hindurchzusehen; ganz offensichtlich ist es hier erwünscht, Einblicke zu nehmen. Auf diese Weise erkennt man vom Platz aus nicht nur einige Kunstwerke, sondern auch einen kleinen Garten, eine Cafeteria und auf unterschiedlichen Niveaus angelegte Nischen mit Sitzgruppen. Nach intensiven Studien der historischen Fassade löst Behnisch diese in eine für ihn typische Glasfassade auf. Erstaunlicherweise ist am Ende dieses Prozesses die ehemalige Struktur wieder erkennbar.

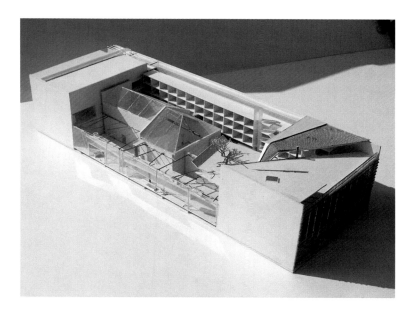

Innenansicht des Modells: an der rückwärtigen Wand Räume für Büros und Verwaltung.

Nach Redaktionsschluß wurde die ursprünglich erteilte Baugenehmigung wieder zurückgezogen. Die Realisierung in dieser Form ist daher fraglich.

Lage Pariser Platz 4, 10117 Berlin-Mitte | **Bauherr** Senat von Berlin | **Architekten** Günter Behnisch und Manfred Sabatke mit Werner Durth Stuttgart | **Bauzeit** 1996–1998 | **Nutzung** Akademie der Künste

Das Grundstück Pariser Platz 3 wird von Frank O. Gehry bebaut, der durch die Verwendung von Kalksandstein und tief eingelassenen Fenstern Bezug zum Brandenburger Tor nimmt. In dem Gebäude wird ein Geschäftshaus untergebracht, mit einem Wohnbereich zur rückwärtigen Behrenstraße.

Das unregelmäßig gestufte Glasdach sorgt nicht nur für Licht in den Innenräumen; es korrespondiert auch mit der benachbarten Akademie der Künste. Auch werden unter diesem Dach, als ein Beitrag zur Kunst am Bau, einige Plastiken aufgestellt.

Vom Pariser Platz aus betritt man ein großflächiges Atrium und erlebt ein lichtes, freundliches Gebäudeinneres mit warmen Mahagoni- und anderen Holzverkleidungen.

Lage Pariser Platz 3, 10117 Berlin-Mitte | **Bauherr** »Pariser Platz 3« Grundbesitzgesellschaft mbH & Co. Verwaltungs KG | **Architekt** Frank O. Gehry, Santa Monica (USA) | **Bauzeit** 1996–1998 | **Nutzung** Büros ca. 15.300 m² – Finanz- und Dienstleistungszentrum mit Konferenzbereich, Wohnen ca. 3.800 m² – separater Zugang über Behrenstraße

Unbeeindruckt von den Grundstücks-
rangeleien der Investoren, Alteigentümer
und Berliner Kulturbeauftragten hat Christoph Langhof eine Umbauung der
Komischen Oper entworfen, die das
traditionsreiche Haus in neuem, wahr-
haft strahlendem Glanz erscheinen läßt.
Um den denkmalgeschützten Kern der
Komischen Oper herum schlägt er
anstelle der Sechziger-Jahre-Bebauung
einen Block aus sieben »Stadtpalais« vor.
Diese sind als Einzelhäuser mit großen
Innenhöfen konzipiert und versprechen
gestalterische Vielfalt. Ob die Vorstellungen Langhofs jemals umgesetzt werden,
hängt entscheidend davon ab, wer der
künftige Bauherr sein wird.

Lage Unter den Linden, Glinka-, Behrenstraße,
10117 Berlin-Mitte | **Bauherr** Entscheidung
steht noch aus | **Architekt** Christoph Langhof,
Berlin (noch nicht beschlossen) | **Bauzeit**
unbestimmt | **Nutzung** Büros, Läden, Woh-
nungen, Kunst und Kultur

Photos: Jochen Littkemann

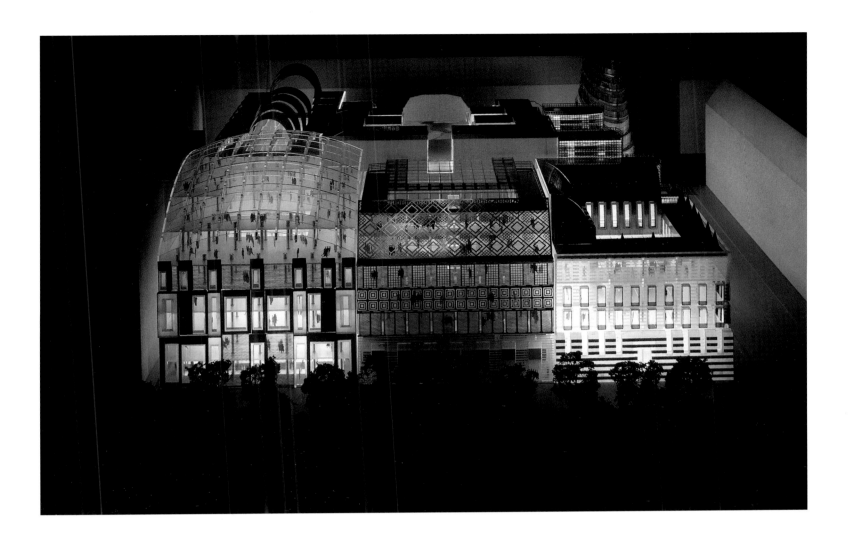

Sollte das von Christoph Langhof geplante »Opernforum« realisiert werden, bedeutete dies eine Erweiterung der Komischen Oper um drei zusätzliche Bühnen- und Zuschauerbereiche. Mit dem Theaterbau im Inneren verbunden wären außerdem das »Palais de Danse«, der »Kristallpalast« oder das »Felsensteinpalais«. Als Verbindung zwischen den Einzelhäusern hat der Architekt eine durchgehende Etage entworfen, mit großen Sälen, Ausstellungs- und Konferenzräumen, in denen nicht nur Opernfeste gefeiert werden können. Direkten Anschluß an das Geschehen sollen diverse Medienbüros in den oberen Geschossen bekommen.

Lage Unter den Linden 42, 10117 Berlin-Mitte | **Bauherr** Unter den Linden 42 GbR vertreten durch Wert-Konzept GmbH, Berlin | **Architekt** Jürgen Sawade, Berlin | **Mitarbeiter** Ch. Hahner (Projektleitung), S. Eich, F. Hassenewert, J. Ochernal | **Bauzeit** fertiggestellt | **Nutzung** Büros 3.320 m², Läden 780 m²

Ein Gegenüber zu den Planungen Langhofs bildet das bereits fertiggestellte Büro- und Geschäftshaus von Jürgen Sawade. Das mit Naturstein verkleidete, sieben Geschosse hohe »Haus Pietzsch« läßt Geradlinigkeit und betont ausgewogene Proportionen erkennen. Die vertikale Glasfläche über dem Eingang weist jedoch auf eine Unterschiedlichkeit hin; eine vollständig verglaste Fassade zum Hof schafft einen Kontrast zur Straßenseite und zugleich optimale Lichtverhältnisse.

Alexanderplatz

Entstanden ist dieser Platz, wie so viele andere in Berlin auch, nach Vollendung des Festungsbaus des Großen Kurfürsten. Vor den Vorwällen und einigen Stadttoren bildeten sich in den neuen Vorstädten kleine Freiflächen, sogenannte Esplanaden, häufig Exerzier-, später auch Marktplätze. Seinen Namen erhielt der damals vor dem Königstor gelegene Vieh- und Wollplatz 1805 anläßlich eines Besuchs Zar Alexanders I. von Rußland. Erst 1886 wurde der Marktbetrieb untersagt (nachdem viele der ehemals 14 Berliner Markthallen fertiggestellt waren), so daß nur wenige Jahre später mit der Umgestaltung des Platzes begonnen wurde. Im Jahre 1890 erhielt er Grünanlagen nach Plänen von Hermann Mächtig. 1895 wurde die berühmte »Berolina« aufgestellt und weitere zehn Jahre später eröffnete Hermann Tietz sein bekanntes Warenhaus am Alexanderplatz, dessen Dach von einer Weltkugel bekrönt war. Schon in den achtziger Jahren des 19. Jahrhunderts wurde im Zuge des Stadtbahnbaus der Bahnhof Alexanderplatz erbaut, der dem ohnehin geschäftigen Platz eine besondere Bedeutung im Stadtbahnverkehr zuwies. 1913 wurde der Platz Haltestelle einer ersten U-Bahn-Linie, 1927 bis 1930 kamen eine zweite und eine dritte hinzu. Den Ausbau des Bahnhofs als Stadtbahn- und U-Bahn-Knotenpunkt – die öffentlichen Verkehrsmittel waren durch unterirdische Wege miteinander verbunden – nahm der damalige Baustadtrat Martin Wagner zum Anlaß, sich auch

Gedanken über eine vollständig neue Bebauung des Alexanderplatzes zu machen. So dürfte das Bild, das Alfred Döblin 1929 in seinem Roman »Berlin Alexanderplatz« gezeichnet hat, treffend sein: ein lauter, hektischer und zugleich düsterer Ort, vulgär, Tummelplatz kleiner und großer Ganoven. Wagners Überlegungen orientierten sich einerseits an den Bedürfnissen des Straßenverkehrs und der Trennung verschiedener Verkehrsarten. Der ständig zunehmende Autoverkehr sollte als Kreisverkehr um den Platz fließen. Dieser städtebauliche Kraftakt sollte dem Alexanderplatz einen ›weltstädtischen‹ Charakter verleihen, eine ›City‹ im Osten des Berliner Zentrums schaffen. Diese ›Rundum-Modernisierung‹ war allerdings nur der zweite Schritt; der erste hieß Kahlschlag, Abriß vieler vorhandener Gebäude – ein Vorgang, der in der Geschichte des Alexanderplatzes auch später eine Rolle spielen sollte. Maßgeblicher Planer dieses ehrgeizigen Vorhabens war der bekannte Architekt Peter Behrens, der sich schon um die Jahrhundertwende unter anderem einen Namen als Architekt und künstlerischer Berater der AEG-Werke gemacht hatte (Turbinenhalle), dessen Entwürfe dann zwischen 1930 und 1932 realisiert wurden (Berolina- und Alexander-Haus).

Die hier angesprochene Doppelfunktion – Drehscheibe eines wachsenden Verkehrsaufkommens und zugleich zentraler Platz des östlichen Stadtgebiets – prägte von nun an das Gesicht des Alexander-

Berlin, Alexanderplatz, 1906 (Reproduktion von 1932).

platzes. Und dennoch: ganz anders als der Pariser Platz, an dessen repräsentative Pracht man auch in heutigen Planungen verständlicherweise gerne anknüpft, blieb der Alexanderplatz weiterhin ein Sorgenkind.

Auch zu DDR-Zeiten sollten die alten Funktionen erhalten bleiben, wenngleich sich die Gestalt des Platzes völlig veränderte. In bis zu vierfach erweiterten Dimensionen entstand der neue »Alex« als Ensemble von Teilplätzen ein weiteres Mal; ein gigantisches Produkt der sechziger Jahre mit jenen zeittypischen Merkmalen einer Architektur, die häufig auch westdeutsche Städte prägt. Allerdings konnte man dort die schmucklosen Blöcke, Hochhäuser und ›Kachelschlangen‹ nicht so großflächig ausdehnen, weil private, kleinteilige Bodenbesitzverhältnisse dies nicht zuließen. Frei von solchen kapitalistischen Hemmnissen wurde im Osten Berlins ein Platz geschaffen, der den Vorstellungen von einer modernen sozialistischen Gesellschaft genügte. Und tatsächlich war dieser neue Alexanderplatz mit »Weltzeituhr« und großzügiger Brunnenanlage ein Ort, an dem man in der »Hauptstadt der DDR« besser als anderswo einkaufte, kulturelle Angebote nutzte und einen winzigen Hauch der großen Welt spüren konnte. Der Alexanderplatz ›funktionierte‹ also – allen vermeintlichen Fehlplanungen zum Trotz!

Nach 1989 ist dieser wichtigste Ost-Berliner Platz – wie könnte es anders sein – erneut zum Objekt

großangelegter Umgestaltungseuphorie geworden. Mittlerweile liegt ein nicht wenig umstrittener städtebaulicher Entwurf von Hans Kollhoff vor, der in erster Linie aufgrund des gesellschaftspolitischen Konflikts, der in dem Projekt angelegt ist, in die Kritik geriet. Schließlich sind es ›westliche‹ Investoren, die auf diesem ›Platz des Ostens‹ gewaltige Veränderungs- und Verdrängungsprozesse in Gang setzen wollen. Dies ist um so brisanter, als gerade der Alexanderplatz als derjenige Ort gilt, an dem sich Art und Weise des Zusammenwachsens der Stadt werden messen lassen. Jede übereilte Entscheidung an diesem neuralgischen Punkt könnte daher fatale Folgen haben. Auch einige Investoren sind inzwischen verunsichert und haben ihr Engagement erst einmal zurückgestellt, so daß man die Entwicklung des Alexanderplatzes vorerst weiterhin als offen betrachten muß. Eine diesbezügliche Befragung der Anwohner wird im Jahr 1996 durchgeführt.

Den zweifellos sehr interessanten Entwurf von Hans Kollhoff möchten wir trotzdem in seinen wichtigsten Zügen vorstellen, auch weil hier, abweichend von Gedanken an Traufhöhe und Randbebauung, couragierte und in Berlin aus dem Rahmen fallende Pläne vorliegen: Rund um den Fernsehturm soll Berlin an dieser Stelle in den Himmel wachsen.

Ziel des Entwurfs ist es, den Alexanderplatz zum Berliner »People's Place« umzuformen. Dabei soll seine Funktion als Hauptverkehrsknoten durch eine dichte Ansiedelung vielfältiger Nutzungen optimal ausgebaut werden. Um dem auseinanderdriftenden Stadtraum Halt zu verleihen, wird unter Berücksichtigung der historischen Spuren die Blockstruktur ergänzt und das Straßenraster an den Platz herangeführt, so daß sich erfahrbare Straßenräume bilden. Der Alexanderplatz gehört dem Fußgänger. An drei große Gebäudefronten, nach Südwesten orientiert, kann er sich anlehnen: Hier öffnen sich Caféhäuser und Restaurants auf den Platz. Über Rolltreppen erreicht man großzügige, begrünte Atrien mit Kultur- und Freizeiteinrichtungen. Der Springbrunnen und die Weltzeituhr werden in die Platzgestaltung integriert und nördlich des Platzes, dort wo die Rathausstraße einmündet, soll die »Berolina«, die einst vor dem Kaufhaus Tietz stand, ihren Platz finden. Die Mitte wird mit einer großen Linse versehen die Licht in die ›Unterwelt‹ läßt, aber begehbar ist. Nachts verwandelt sich die flache Glaskuppel in einen illuminierten Brunnen mit einem Programm von Wasserspielen. In der zweiten Reihe, am Straßenring, der sich U-förmig um die Platzbebauung legt, steigen die Blöcke turmartig in die Höhe. Die Unterteilung der Hochhäuser in Sockel und Turm verhindert eine hochhausspezifische Windkonzentration, die die ›Aufenthaltsqualität‹ auf dem

Platz beeinträchtigen könnte. Außerdem sorgen individuell gestaltete, dem Alex zugewandte Gebäude für einen abwechslungsreichen Gesamteindruck. Sie sind klar gegliedert in einen zweigeschossigen, der Straße zugewandten Sockel und einen einheitlichen, horizontal betonten Hauskörper bis zur Traufe. Weitere Gliederungen sind die beiden im Winkel von 60° zurückgestaffelten Dachgeschosse, die vertikal betonten, aus den Blöcken wachsenden, sich allmählich zurückstaffelnden Turmkörper mit ihren Turmköpfen, die jedoch nicht aufgesetzt sind, sondern sich aus der Verjüngung entwickeln. Die Gebäude des Alexanderplatzes sollen solide, ›steinern‹, in Erscheinung treten. Hans Kollhoff hält eine natürliche Materialität für erstrebenswert und erwartet daher einen Verzicht auf Reflektions- und Farbgläser. Die Tradition des Berliner Geschäftshauses weiterführend sollen die Gebäude am Alexanderplatz sich dem öffentlichen Raum zuwenden und sowohl großzügige, gut proportionierte Schaufensterfronten als auch repräsentative Eingangsbereiche darbieten. Den ganzheitlichen Charakter der Gebäude wird ein einheitlicher Platz- und Straßenbelag sowie ein einheitliches Beleuchtungskonzept unterstreichen.

Yadegar Assisi veröffentlichte 1995 seine
Vision des Alexanderplatzes auf der
Grundlage der Planungen von Hans Kollhoff.
In der Torsituation links das Alexander-
haus und rechts das Berolinahaus von
Peter Behrens. Dahinter der Fernsehturm. Torsituation rechts, im Hintergrund
ein Geschäfts- und Wohnhaus. Bei den
anderen Hochhäusern im Hintergrund
handelt es sich um Büro- und Geschäftshäuser.

Alexanderplatz aus unterschiedlichen
Blickwinkeln.

Potsdamer Platz

»Potsdamer Platz« heißt heute ein rund 480.000 m² großes Gelände, das aus den Bombenangriffen des Zweiten Weltkriegs als vermutlich größte innerstädtische Brachfläche Europas hervorging. Nur im Osten schließt sie an die Bebauungen der Bezirke Mitte und Kreuzberg an; zu den anderen Seiten grenzt sie an den Tiergarten, das Kulturforum und den Landwehrkanal. Der historische Potsdamer Platz dagegen war sehr viel kleiner, lag vor der westlichen Seite des Leipziger Platzes am Ende der Leipziger Straße und war eigentlich nicht mehr als eine große Straßenkreuzung. Aber gerade sie wurde später zum Symbol modernen Großstadtlebens.

In seiner rund 300jährigen Geschichte stieg der Potsdamer Platz vom Vorplatz der kurfürstlichen Residenz zu einem zentralen Platz Berlins auf. Während des 17. Jahrhunderts siedelten in der Umgebung des späteren Platzes hugenottische Neuankömmlinge, die das sumpfige Gelände für den Gartenbau kultivierten. Im Rahmen der Friedrichstadterweiterung in den Jahren 1732 bis 1738 wurde nach dem Plan von Philipp Gerlach die Leipziger Straße nach Westen verlängert; an ihrem Ende legte man das »Octogon« (seit 1814 Leipziger Platz) an, das mit dem »Quarrée« (Pariser Platz) und dem »Rondel« (Mehringplatz) einen der drei neuen inneren Torplätze bildete. Das in unmittelbarer Nähe des Octogons außerhalb der Stadt gelegene Areal erhielt 1740 den Namen »Platz vor dem Potsdamer Thore«. Im Grunde war dieser

Platz lediglich eine Kreuzung verschiedener Straßen und Wege, und da er nicht in die barocke Stadtplanung einbezogen wurde, entwickelte er sich im Gegensatz zum sorgfältig durchdachten Achteck des späteren Leipziger Platzes ungeplant und ›wild‹. Die hier zusammenlaufenden Straßen führten einerseits über die Schafbrücke (später Potsdamer Brücke) zum Dorf Schöneberg und weiter nach Potsdam (später Potsdamer Straße), wobei man auch in Richtung Leipzig abzweigen konnte, andererseits nach Westen, wo 1695 Kurfürstin Charlotte die später nach ihr benannte Schloßanlage in Auftrag gab.

Am und um das Octogon ließen adlige Bauherren zweistöckige barocke Palais errichten. 1823/24 erhielt das Potsdamer Tor zwei neue Torhäuser von Karl Friedrich Schinkel, eines davon Wachstation, das andere Zollstelle. Gleichzeitig versah Peter Josef Lenné den Leipziger Platz mit einer neuen Platzanlage.

Neue Zeiten läutete erst die Inbetriebnahme der Eisenbahnstrecke Potsdam–Berlin 1838 ein, die dem Potsdamer Platz einen Bahnhof bescherte, über den der Verkehr mit West-, Süd- und Mitteldeutschland lief; nur wenig weiter südlich wurde der Anhalter Bahnhof für die Verbindungen mit Sachsen erbaut.

Die zu dieser Zeit noch ländliche, allenfalls vorstädtische Bebauung des Potsdamer Platzes wich seit 1850 nach und nach einem westlich der Potsdamer Straße entstehenden Villenviertel, das später »Millionärsviertel« genannt wurde. Östlich der Potsdamer

Berlin, Potsdamer Platz, 1930.

Straße bis zum Anhalter Bahnhof dominierte dagegen der Typ des gründerzeitlichen drei- bis vierstöckigen, häufig stuckverzierten Berliner Miethauses.

Waren schon in den 1850er und 1860er Jahren hohe staatliche Institutionen in ehemalige Adels- und Industriellenpalais an der Wilhelm- und der Leipziger Straße eingezogen, so wurde diese Gegend nach der Reichsgründung von 1870/71 zum Zentrum politischer Macht: An der Leipziger Straße 3 wurde das ehemalige Parlament des Norddeutschen Bundes als Zweite Kammer des preußischen Landtages genutzt, und bis 1894 hatte der Reichstag in Nr. 4 seinen Sitz, während auf der Wilhelmstraße eine ganze Reihe von Ministerien Platz gefunden hatten.

Mit dem Neubau der beiden Bahnhöfe – der Potsdamer Bahnhof wurde 1872 fertiggestellt, der für seine Architektur hochgerühmte Anhalter Bahnhof 1880 – entstanden hier in Ziegelbauweise repräsentative Bahnhofshallen, in denen hoher Besuch der Reichshauptstadt mit großem Aufwand empfangen werden konnte. Alltag aber war und blieb der massenhafte und ständig zunehmende Personenfernverkehr. Auf den Straßen verkehrten seit 1873 diverse Pferdebahnlinien, 1904 nicht weniger als 34 Linien der »Elektrischen«, dazu wenig später U- und S-Bahn und natürlich der Individualverkehr.

In den zwanziger Jahren wurde der Potsdamer Platz mit seinem gewaltigen Verkehrsaufkommen und den leuchtenden Neonreklamen zum Symbol der modernen Großstadt.

Der nicht abreißende Strom der Reisenden begünstigte das Florieren von Hotels, Restaurants und Cafés, zu deren bekanntesten das »Bellevue« und das »Josty« zählten oder ein Etablissement wie das »Haus Vaterland« mit seinem charakteristischen Kuppeldach.

Architektonische Meilensteine setzten vor allem das im Jahr 1896 am Leipziger Platz von Alfred Messel erbaute Kaufhaus »Wertheim« und rund 30 Jahre später das »Columbushaus«, mit dem Erich Mendelsohn eines der modernsten Bürohäuser Europas errichtete. Auch einige bedeutende Hochhausentwürfe konzentrierten sich auf diesen Teil der Stadt.

Während des Dritten Reiches blieb der Potsdamer Platz in seiner architektonischen Gestalt zunächst unversehrt. Allerdings siedelte sich der nationalsozialistische Gewaltstaat in unmittelbarer Umgebung mit der Gestapo, dem Reichssicherheitshauptamt und Teilen der SS-Leitung an; außerdem erbaute Albert Speer seinem »Führer« die Neue Reichskanzlei. Wären darüber hinaus die Neubaupläne Speers für einen überdimensionalen »Runden Platz« und einen neuen Nordbahnhof in diesem Bereich realisiert worden, hätten der Potsdamer Platz und die beiden Bahnhöfe wohl an Bedeutung verloren. Der Zweite Weltkrieg zerstörte den Leipziger und den

Baustelle Potsdamer Platz.
In der Bildmitte die rote Infobox.

Potsdamer Platz nahezu vollständig in einer einzigen Bombennacht am 3. Februar 1944.

In der Nachkriegszeit fielen vage Wiederaufbaupläne für den Potsdamer Platz recht bald den zunehmenden Spannungen unter den Siegermächter zum Opfer. Als neuralgischer Punkt zog der Platz zunächst noch Aufmerksamkeit auf sich, stießen hier doch sowjetischer, britischer und amerikanischer Sektor zusammen – ein Grund für das Aufblühen des Schwarzmarktes an dieser Stelle. Jedoch erfuhr der Platz ein ähnliches Schicksal wie die Friedrichstraße, denn auch dieser ehemed zentrale Ort wurde durch die politische Teilung der Stadt in eine Randlage gedrängt. Nur einmal noch, 1953, rückte der Potsdamer Platz in den Mittelpunkt des öffentlichen Interesses, als hier Demonstranten aus beiden Teilen der Stadt zusammentrafen und sowjetische Panzer auffuhren. Nach dem Bau der Mauer wurden auf der östlichen Seite des Potsdamer Platzes die wenigen noch als Ruinen bestehenden Gebäude abgerissen und ein extrem breiter ›Mauerstreifen‹ geschaffen. Auf West-Berliner Terrain schufen in den sechziger Jahren Hans Scharoun mit der Philharmonie und der Staatsbibliothek und Mies van der Rohe mit der Neuen Nationalgalerie an der Potsdamer Straße markante moderne Architektur, ohne daß dieser Teil der Stadt wirklich wiederbelebt werden konnte.

Die geographische Mitte Berlins steht heute wieder mit im Zentrum der Diskussionen um die Neugestaltung der Stadt nach 1989. All das, was den Potsdamer Platz ehemals ausmachte, ist verloren und mit der Beseitigung des ersten Berliner Bahnhofs auch seine Hauptfunktion als Kopfstation des Fernverkehrs. Diese Funktion wird er in nächster Zukunft zwar nicht zurückerhalten, als Knotenpunkt von U-Bahn-, S-Bahn- und Regionalverkehr ist mit dem Potsdamer Platz aber wieder zu rechnen.

Gleich nach der Wende erwarben bedeutende Investoren hier Bauland, und schon bald wurden erste Pläne für den Potsdamer/Leipziger Platz geschmiedet. Auf historischem Boden sollte ein neues, eigenständiges Zentrum, eine Dienstleistungsstadt der Zukunft entstehen. Der Gefahr, daß die schwerpunktmäßige Ansiedlung von Konzernzentralen und Dienstleistungsunternehmen ein eher kühles, vor allem in den Abendstunden wenig lebendiges Stadtviertel schaffen würde, suchte der Senat mit der Auflage eines höchstmöglichen Grades an Mischnutzung zu begegnen: Einkaufsmöglichkeiten, öffentliche Einrichtungen und Freizeitangebote sollten neben den Bürokomplexen nicht zu kurz kommen. Zudem sollten »die wesentlichen und charakteristischen Merkmale der Berliner Innenstadt, geometrisches Straßenraster, geschlossene Blockränder, Abfolge von Straßen und Plätzen, … im Stadtgrundriß und Aufriß erhalten bleiben« – so der Text der Ausschreibung. Auch die historische Raumfolge Potsdamer/ Leipziger Platz wurde verpflichtend festgeschrieben, während der Verzicht auf Hochhäuser – ein von den Investoren sehr geschätzter Gebäudetyp – nur empfohlen wurde. Keine leichte Aufgabe für die Wettbewerbsteilnehmer, unterschiedliche Intentionen in Einklang zu bringen und sich mit nicht näher definierten Vorstellungen von einer »Stadt der Zukunft« auseinanderzusetzen.

Im Oktober 1991 entschied sich das Preisgericht mit deutlicher Mehrheit für den städtebaulichen Entwurf von Heinz Hilmer und Christoph Sattler aus München. In der Fachwelt stritt man lange und heftig über diese Preisvergabe, wobei sich die Kritiker vor allem darüber entrüsteten, daß der Entwurf der Preisträger für diesen prominenten Ort unverhältnismäßig schlicht und zurückhaltend, zudem wenig zukunftsweisend ausgefallen sei.

Gesamtplanung für das Daimler Benz-
Areal von Renzo Piano/Christoph Kohlbecker.

Lage Potsdamer Platz, 10785 Berlin-Tiergarten
| Bauherr Daimler Benz/Stuttgart | Projekt-
entwicklung debis Gesellschaft für Potsdamer
Platz Projekt und Immobilienmanagement
mbH, Berlin | Gesamtkonzept Renzo Piano
Building Workshop, Paris/Genua, mit Christoph
Kohlbecker, Gaggenau | Mitarbeiter B. Platt-
ner (Projektleiter), S. Baggs, E. Baglietto,
R. Baumgarten, G. Bianchi, P. Charles, G. Ducci,
C. Hight, S. Ishida, M. Kramer, N. Mecattaf, J.
Moolhuijzen, F. Pagliani, L. Penisson, E. Rossato
Piano, J. Ruoff, C. Sapper, S. Schäfer, M. van
der Staay, R. V. Trufelli, L. Viti (Piano), H. Falk,
A. Hocher, R. Jatzke, M. Kohlbecker, M. Lindner,
N. Nocke, A. Schmid, W. Sprang (Kohlbecker) |
Bauzeit 1994 – 1997/98

In der Tat setzten die Architekten bei der europäischen Städtebautradition des 19. Jahrhunderts an –
wohlgemerkt nicht bei einer vermeintlichen Berliner
Tradition –, die sie modern interpretierten. Dies
geschah in bewußter Abkehr vom Vorbild amerikanischer Innenstädte mit ihren Ansammlungen von
Wolkenkratzern. Hilmer und Sattler wollen das
städtische Leben nicht in großstrukturierten Gebäudekomplexen verschwinden sehen, sondern es ver-

mehrt auf Straßen und Plätze verlagern. Die Maß-
stäbe liegen bei etwa zehnstöckigen Blöcken von 50 x
50 Metern, die von einem Netz gleichmäßig breiter
Straßen (17,5 Meter) durchzogen sind.

Sicher sind für die neue Mitte um den Potsdamer
Platz viele andere durchaus überzeugende Modelle
denkbar, darunter auch stärker futuristisch angelegte.
Die Herangehensweise von Hilmer und Sattler zeichnet sich dagegen vor allem durch Verantwortungs-
bewußtsein und die Orientierung an Dimensionen
aus, die dem menschlichen Empfinden entgegen-
kommen.

Ihr Entwurf wurde per Senatsbeschluß zur Grundlage des Bebauungsplanverfahrens erklärt. In den
folgenden, von den Investoren Daimler Benz, Sony
und ABB ausgelobten Wettbewerben erhielten die
Büros Renzo Piano (Paris/Genua), Murphy/Jahn
(Chicago) und Giorgio Grassi (Mailand) jeweils erste
Preise. Diese Gesamtentwürfe wurden im Fall von
Piano/Daimler Benz und Grassi/ABB mit Unterstützung weiterer in- und ausländischer Architekten
konkretisiert.

Den Spaziergang über den Potsdamer Platz beginnen wir am Potsdamer Bahnhof, wenden uns dann
dem Daimler Benz-Areal zu (Eingangssituation im
Vordergrund des Modells), laufen an ausgewählten
Gebäuden vorbei bis zum Landwehrkanal und keh-
ren über die Linkstraße zurück. Dabei erkunden wir
das A + T-Gelände nach dem Gesamtentwurf von
Giorgio Grassi. Wieder am Potsdamer Platz ange-
langt, besichtigen wir auf der anderen Seite den
Bereich Sony Center und werfen abschließend noch
einen Blick auf das Delbrück-Haus am Potsdamer
Platz 1.

Masterplan von Hilmer & Sattler im
Modell.

Photo: Uwe Rau

Bahnsteige Regionalbahnhof.

Lage Potsdamer Platz, 10785 Berlin-Tiergarten
| **Bauherr** Deutsche Bahn AG, Land Berlin |
Architekten Architektengemeinschaft Hilmer
& Sattler, Hermann + Öttl, Modersohn | **Mit-
arbeiter** H. Daam, S. Erber, A. Freiesleben, H.
Liedl, R. Mayer, S. Thiele, C. Winter | **Bauzeit**
1995 – 2002 | **Nutzung** Regionalbahnhof,
Umsteigemöglichkeiten in U- und S-Bahn

Computersimulationen: PVZB/Archimation

Lediglich zwei quadratische Glaspavillons auf dem Potsdamer Platz weisen auf den gleichnamigen Bahnhof hin. Unterirdisch wird dort nach den Plänen der Architekten Hilmer & Sattler und Hermann + Öttl, Modersohn auf drei Verkehrsebenen ein moderner Regionalbahnhof mit vielen Umsteigemöglichkeiten in die S- und U-Bahn entstehen. Die Vielzahl der Bahntrassen auf relativ engem Raum läßt die Architekten Funktionalität in den Vordergrund stellen; ein klares, in sich schlüssiges Gestaltungskonzept, das sich auf beide Bahnhofsbereiche bezieht, wird für Übersichtlichkeit sorgen. Zwischen dem S- und dem U-Bahnbereich legen die Planer eine verbindende Fußgängerpasserelle mit großen Deckenöffnungen an. Der Potsdamer Bahnhof in direkter Verknüpfung mit den Gebäudekomplexen von Daimler Benz, ABB, Sony, Delbrück und Hertie muß künftig ein Verkehrsaufkommen von täglich schätzungsweise 50.000 Menschen bewältigen.

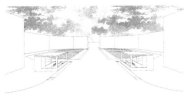

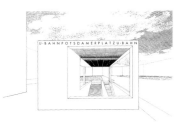

Klar und zurückhaltend stellen sich die beiden Torhäuser dar, die Oswald Mathias Ungers für den Leipziger Platz entworfen hat.

Modellphoto: H.-J. Wuthenow

Torsituation am Eingang zum Daimler
Benz-Areal durch die beiden Hochhäuser.
Renzo Piano links, Hans Kollhoff rechts.

Das fast dreieckige Hochhaus von Renzo
Piano erscheint betont leicht. Hervorge-
rufen wird diese Wirkung durch eine
glänzende Ziegel-Glas-Fassade und einzelne transparente Gebäudeteile. Im
Erdgeschoß sind mehrere Geschäfte vorgesehen, die übrige Fläche jedoch dient
ausschließlich der Büronutzung.

Fassadenausschnitt des ›Torhauses‹ von
Hans Kollhoff.

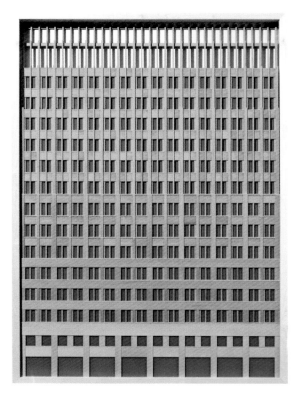

Lage Alte Potsdamer Straße/Neue Potsdamer Straße, 10785 Berlin-Tiergarten | **Architekt** Hans Kollhoff, Berlin | **Mitarbeiter** Jasper Joachimsen (Projektleiter) | **Bauzeit** 1994–1997 | **Nutzung** Läden 1.200 m², Büros 28.500 m²

Das steinerne, fünf Geschosse höhere Turmhaus von Hans Kollhoff wirkt mit seinem graugrünen Granitsockel und der rotbraunen Klinkerfassade bodenständig und kraftvoll. Das Gebäude stuft sich bis zur angrenzenden Bebauung mehrgeschossig ab. Dabei entstehen zur Alten und Neuen Potsdamer Straße zwei Gebäudeflügel, deren Zwischenbereich von einem viergeschossigen Atrium gebildet wird. Außer Büros befinden sich in diesem Hochhaus Läden im Erdgeschoß und in der Spitze zum Potsdamer Platz das traditionsreiche »Café Josty«.

Lage Neue Potsdamer Straße, 10785 Berlin-Tiergarten | **Architekten** Lauber & Wöhr, München | **Mitarbeiter** I.Curti, G. Hagemann, G. Heugenhauser, V. Petereit, E. Petri, G. Pusch, K. Rohe, H. Saur-Stollbert, M. Stängle | **Bauzeit** 1996–1997 | **Nutzung** Kino, Wohnungen

Lauber & Wöhr errichten ein Kinocenter mit Wohnungen in den Ober- und Dachgeschossen, dazu ein dahinterliegendes Wohnhaus, das sich durch gute Lichtverhältnisse und einfache, vielseitige Wohnungsgrundrisse auszeichnet. Im Kinocenter verteilen sich 19 Vorführsäle auf 5 Geschosse, die man von der offenen Lobby über vielfältig angelegte Rampen, Treppen und Aufzüge erreicht. Die fensterreichen Fassaden mit eingezogenen Loggien werden bestimmt von hellen, in eine Metallkonstruktion gefaßten Terrakottaplatten. Eine gleichmäßige, auch vor den Loggien durchlaufende Struktur gliedert die Fassade horizontal und verstärkt den ruhigen Gesamteindruck.

Die Leichtigkeit des Bürohauses von José Rafael Moneo bildet einen Gegensatz zu dem massiven Hotelgebäude desselben Architekten (S. 69). Die Geometrie seines Umrisses wird im Erdgeschoß durch eine Vorhalle aufgelöst, der eine wichtige Rolle zukommt. Sie bietet Gelegenheit, die gesamte Geschoßfläche für Büroräume zu nutzen. Gleichzeitig ermöglicht die Vorhalle, daß das Gebäude einen Bug ausbilden und sich in eine Art Turm verwandeln kann und damit der Form des Grundstücks städtebaulich gerecht wird.

Lage Alte Potsdamer Straße, 10785 Berlin-Tiergarten | **Bauherr** Daimler Benz AG, Stuttgart | **Projektentwicklung** debis Gesellschaft für Potsdamer Platz Projekt und Immobilienmanagement mbH, Berlin | **Architekt** José Rafael Moneo, Madrid | **Mitarbeiter** F. de Wachter, J. Kleihues, J. Beldarrain, J. Hevia, J. Salcedo, M. Holst | **Bauzeit** 1996 — 1997 | **Nutzung** Bürogebäude

Wie das Geschäftshaus gegenüber paßt sich das von José Rafael Moneo entworfene Hotel der eigenwilligen Grundstücksform vollständig an, so daß ein trapezförmiges, an der Südseite leicht geschwungenes Gebäude mit Innenhof entsteht. Da das Grundelement eines Hotels zwangsläufig das einzelne Zimmer ist, fällt hier weniger die Vielzahl als vielmehr die Vielfalt der Fenster und die zu allen Seiten unterschiedliche Fassadengliederung ins Auge. Weitere Auflockerung erfährt sie durch ein großzügiges Pseudo-Portal an der Eichhornstraße, das lediglich als Einfahrt dient. Der wirkliche

Eingang liegt nämlich an der Alten Potsdamer Straße; er ist überdacht, großräumig und kann gegebenenfalls auch noch einen Restaurantbetrieb aufnehmen. Überhaupt zeichnet sich das Innere des Gebäudes durch Flexibilität und neue Gestaltungselemente aus. So orientieren sich bei zwar regelmäßiger Anordnung die Zimmer am trapezförmigen Grundriß des Hotels, so daß sich unterschiedliche Größen ergeben. Die Flure in den oberen Geschossen wiederum folgen einem ringförmigen Schema. Ganz oben, in der verglasten Dachzone, befinden sich ein Fitnessraum und ein Schwimmbad.

Lage Alte Potsdamer Straße, 10785 Berlin-Tiergarten | **Bauherr** Daimler Benz AG, Stuttgart | **Projektentwicklung** debis Gesellschaft für Potsdamer Platz Projekt und Immobilienmanagement mbH, Berlin | **Architekt** José Rafael Moneo, Madrid | **Mitarbeiter** F. de Wachter, J. Kleihues, J. Beldarrain, J. Hevia, J. Salcedo, M. Holst | **Bauzeit** 1996–1997 | **Nutzung** Hotel (350 Zimmer)

Lage Alte Potsdamer Straße/Eichhornstraße, 10785 Berlin-Tiergarten | **Architekten** Renzo Piano mit Christoph Kohlbecker | **Bauzeit** 1995 – 1998 | **Nutzung** Big Screen-3D-Kino, Büros

Computersimulation S. 66, 70 – 72: Next Edit

An der zentralen Piazza, die das Daimler Benz-Areal gliedert, sorgt das in die Planung eingefügte Element Wasser für Aufenthaltsqualität. An dieser Stelle werden von Renzo Piano zwei der Unterhaltung dienende Gebäude errichtet. Eine Spielbank und ein Musicaltheater befinden sich in einem langgestreckten Gebäude, das sich zur Piazza öffnet. Auf der Westseite ›begleitet‹ es die Erweiterungsbauten der Staatsbibliothek, die in unmittelbarer Nähe liegen, indem es die wesentlichen Merkmale des berühmten Scharoun-Bauwerks aufnimmt (s. Modellfoto S. 63 oben, obere Bildmitte). Gegenüber liegt das Big-Screen-3D-Kino mit einer charakteristischen halbkugelförmigen, in das Gebäude integrierten Kuppel. An der Seite zur Piazza schmiegt sich eine filigran gerasterte gläserne Rotunde an die nördliche ›Ecke‹ des Gebäudes.

Lage Linkstraße, 10785 Berlin-Tiergarten |
Architekt Richard Rogers Partnership, London
| **Mitarbeiter** A. Wright, D. Macorie, D. Ho, D.
Keys, J. Leathem, L. Abbott, L. Grut, N. Sout-
hard, N. Malby, R. Paul, R. Rogers, S. Coldrey,
W. Wagener (Entwurfsteam) | **Bauzeit**
1996–1998 | **Nutzung** Läden 17.000 m²,
Büros 28.000 m², Wohnen 12.000 m²

Die drei nebeneinander stehenden
Gebäude nach Entwürfen von Richard
Rogers gliedern sich in klar abgegrenzte
Nutzungsbereiche; sie weisen zur Linkstraße und zur parallel verlaufenden
internen Einkaufsstraße, die wie eine
Galerie auf drei miteinander verbundenen Ebenen verläuft. Das Wohnhaus im
Süden mit verglaster Einzelhandelszone
bildet den Abschluß der »Shopping Mall«.
Die beiden nördlichen, symmetrisch
gestalteten Häuser (eines davon im Bild)
erheben sich mit sieben Geschossen
und zwei Dachebenen auf nahezu qua-
dratischer Grundfläche. Beide Häuser
dienen ab dem zweiten Obergeschoß

als Büros, die aufgrund eines variablen
Systems, nach den Bedürfnissen der
Mieter aufteilbar sind. Neben der reichhaltigen Verwendung von Glas fallen
viele runde, gebogene, gewölbte oder
geschwungene Gebäudeteile auf, sowie
die beiden flankierenden gläsernen Auf-
zugstürme. Ein gewelltes Vordach
betont die Traufhöhe an der Linkstraße,
was die Dachzone belebt und zur Auflockerung des quadratischen Grund-
risses beiträgt. Wirkungsvoll ist auch das
an Nutzung und Himmelsrichtung orien-
tierte Wechselspiel von hellen, durch-
sichtigen oder beschatteten Fassaden-
elementen.

Für die debis-Hauptzentrale hat Renzo Piano eine Kombination aus einem zunächst nur wenig ansteigenden Rechteckblock und einem Hochhaus am südlichen Ende des Komplexes entworfen. Während die Gebäudehöhe von Norden nach Süden zunimmt, verringert sich das steinerne Fassadenmaterial bis hin zu dem nahezu vollständig gläsernen 60 Meter hohen Turmhaus. Um in umgekehrter Blickrichtung einen wandartigen Abschluß zu vermeiden, wird das Gebäude aus unterschiedlichen Kuben zusammengesetzt, so daß sich aufgelockerte Umrisse ergeben. Außer einer großen Anzahl von Büroräumen, die eher konventionell angeordnet sind und daher wenig Variationsmöglichkeiten bieten, befinden sich dort auch einige Einzelhandelsgeschäfte, eine Bibliothek und ein Restaurant; vor allem aber der große Mercedes-Ausstellungsraum, den man von der Eichhornstraße erreicht. Wenige Meter westlich des Hochhauses erreicht man die Südeinfahrt des Tiergartentunnels.

Auf dem langgestreckten, trapezförmigen Grundstück errichtet die Projektgemeinschaft Arata Isozaki und Steffen Lehmann ein Bürogebäude, das aus vier unterschiedlich langen und paarweise angeordneten Zeilen besteht. Zwei stegartige eingeschossige Brücken im siebten Obergeschoß verbinden die Baukörperpaare, die in einem Abstand von etwa siebzehn Metern zueinander stehen. Die Verbindung zwischen den Gebäudezeilen wird über fünf gläserne, dreigeschossige Brücken mit integrierten Büroflächen hergestellt. In den Zwischenräumen unterhalb der Brücken befindet sich ein einladend gestalteter Stadtgarten. Der Garten ist zudem im Süden an die Wasserflächen des Bebauungsplanes angebunden und wird wie diese mit Regenwasser versorgt, das im Untergeschoß der debis-Hauptverwaltung gesammelt wird.

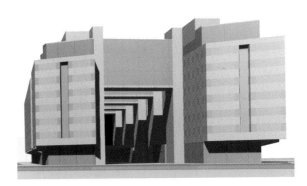

Lage Linkstraße/Reichpietschufer, 10785 Berlin-Tiergarten | **Architekten** Arata Isozaki & Associates Architects, Tokyo, mit Steffen Lehmann & Partner Architekten, Berlin | **Mitarbeiter** M. Kikuchi, K. Sato, A. Aiba (Isozaki & Associates), St. Lehmann, A. Hoffmann, M. Barth, M. Overly (Planungspartner) | **Bauzeit** 1994 – 1997 | **Nutzung** Läden 800 m², Büros für ca. 1.200 Arbeitsplätze

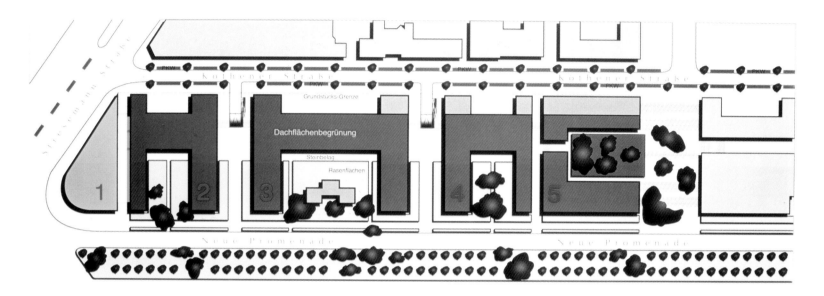

Schema des A+T Gesamtkomplexes.

Lage Köthener Straße, 10963 Berlin-Tiergar-
ten | Architekten Schweger + Partner, Ham-
burg | Mitarbeiter M. Brettel, F. Finkenrath, T.
Fischer, I. Forza-Spiller, S. Grieshop, Ch. Huhn-
holz, I. Kopp, H. Lattemann, A. Rakow, C.
Schenning, U. Thiesemann, Th. Voigt | Nut-
zung Verkaufsfläche 200 m², Büros 5.510 m²
(Hauptnutzfläche)

Lage Köthener Straße, 10963 Berlin-Tiergar-
ten | Architekt Giorgio Grassi, Mailand |
Mitarbeiter N. Dego, E. Grassi (Wettbewerb
und Ausführung), S. Pierini, G. Zanella (Wett-
bewerb), L. Nardi (Ausführung) | Nutzung
Läden, Büros

Bauherr A+T Projektentwicklungsgesellschaft
& Co. Potsdamer Platz Berlin KG, Heidelberg,
(Beteiligungsgesellschaft von ABB und TER-
RENO) | Projektentwicklung Roland Ernst
Städtebau- und Projektentwicklungsgesell-
schaft mbH | Gesamtkonzept Giorgio Grassi,
Mailand | Bauzeit 1995–1997 | Nutzung
70 % Büros, 20 % Wohnen (Haus 5), 10 %
Restaurants, Läden

Computersimulation: Gratschov

Giorgio Grassi (Gesamtentwurf), Diener & Diener, Jürgen Sawade und Schweger & Partner haben für das ABB + TERRENO Grundstück, das sich wie ein Band von Norden nach Süden erstreckt, eine gleichmäßige Baufolge in Form massiver Großbuchstaben entwickelt. Aus der Vogelperspektive erkennt man drei H-förmige Gebäude, die flankiert werden von einem U als südlichem Abschluß und einem tropfenförmigen zwölf-geschossigen Kopfbau am nördlichen Ende. Zwischen den einzelnen Bauteilen ergeben sich begrünte oder gepflasterte

Vorhöfe, Gärten und Durchgänge unterschiedlicher Abmessungen. Eine unter den waagerechten H-Strichen verlaufende Passage stellt die Längsverbindung zwischen den einzelnen Häusern her, in denen zu siebzig Prozent Büros, zu zehn Prozent Läden und Gastronomie und zu zwanzig Prozent Wohnungen untergebracht sind. Letztere befinden sich ausschließlich im fünften Haus, dessen U-Form, gebildet aus zwei dicht beieinander stehenden, unterschiedlich hohen L-förmigen Baukörpern, sich zum Landwehrkanal öffnet. Der tropfenförmige

Kopfbau weist auf den Potsdamer Platz; über einen Arkadengang entlang der Rundung des Gebäudes betritt man nicht nur die Eingangshalle, sondern hat auch direkten Zugang zur U-Bahn. Den Architekten Schweger & Partner ist an dieser exponierten Stelle ein eigenständiger Bau mit charakteristischer Formgebung gelungen, der sich einerseits von den anderen Häusern abhebt, sich andererseits in der Wahl des Fassadenmaterials anpaßt. Die drei Sockelgeschosse werden daher mit rotem Backstein verkleidet, während die übrige

Fassadenfläche eine vollständige Verglasung erhält. Ebenfalls gläsern sind drei Brücken, die direkte Übergänge in das Nachbarhaus ermöglichen. Unter den drei H-Häusern, die vornehmlich durch Details Verschiedenartigkeit entwickeln, fällt das mittlere, mit der größten Öffnung zum Stadtraum auf. In diesem Westhof stellt Giorgio Grassi einen zweigeschossigen Pavillon, der die Formensprache der umgebenden Gebäudeteile aufnimmt. Darin befindet sich ein Café, so daß man im Zentrum des Gesamtkomplexes ›im Grünen‹ sitzen kann.

Lage Köthener Straße, 10963 Berlin-Tiergarten | **Architekt** Giorgio Grassi, Mailand | **Mitarbeiter** N. Dego, E. Grassi (Wettbewerb und Ausführung), S. Pierini, G. Zanella (Wettbewerb), L. Nardi (Ausführung) | **Nutzung** Läden, Büros

Lage Köthener Straße, 10963 Berlin-Tiergarten | **Architekt** Jürgen Sawade, Berlin | **Mitarbeiter** Kurt Niederstatt (Projektleitung), F. Taras, J. Kleine Allekotte, S. Plog, B. von Glasenapp | **Nutzung** Läden 1.020 m², Büros 5.280 m²

Lage Köthener Straße/Neue Promenade, 10963 Berlin-Tiergarten | **Architekten** Diener & Diener Architekten, Basel | **Nutzung** Läden 400 m², 92 Wohnungen

Der Gesamtentwurf für das Gelände am Kemperplatz zwischen Neuer Potsdamer Straße und Bellevuestraße von Murphy/Jahn aus Chicago nimmt eine ungewöhnliche Gliederung vor. Wie die Teile eines Kaleidoskops fächern acht Bauelemente das dreieckige Grundstück auf. Das Zentrum des Komplexes ist von einem elliptischen Schirm überdacht, der Sonnen und Wetterschutz bietet. Dieses zu einem Drittel seiner Fläche verglaste Dach gilt als neueste Entwicklung der Seil-, Membran- und Glastechnologie; die restlichen zwei Drittel bestehen aus einer Fiberglasmembrane, die Transparenz, geringes Gewicht, Lebensdauer und Wirtschaftlichkeit in sich vereint. Weitere Akzente setzen das Sony-Hauptgebäude am Kemperplatz, das Hochhaus am Potsdamer Platz und nicht zuletzt die Integration der restaurierten Fassade des »Hotels Esplanade«. Der historische Teil des Sockelgeschosses bleibt erhalten, auch wird die Abfolge von Eingangshalle, Silbersaal und Palmenhof übernommen. Für den berühmten Kaisersaal allerdings sieht das Konzept eine Verlagerung um 75 Meter vor, die mittels einer komplizierten Hebe- und Drehvorrichtung durchgeführt werden soll. Die Fassade der Esplanade-Wohnungen ist als konventionelle Glasfront mit französischen Fenstern, Glaserkern und durchgehenden Außengeländern geplant. Die Fassade des Sony-Hauptgebäudes besteht aus gläsernen Pfosten, die die Fenster zwischen den Geschoßebenen halten. Abwechslung bieten bei diesem gläsernen, innen mit modernster Technik ausgestatteten Verwaltungsgebäude lediglich die Sonnenschutzelemente aus Holz oder Metall, als integrierte oder außen angebrachte Systeme. Die Farbpalette des Gesamtkomplexes reicht von Grau und Silber bis hin zu akzentuierendem Schwarz. Rote Metallbänder und Panele findet man im Forumsbereich; Rot zieht sich ebenfalls durch die Eingangsbereiche und definiert das Forum als einen besonderen Ort gegenüber dem umgebenden Straßenraum.

Bellevuestraße von links nach rechts:
Esplanade Residenz, Forum, Europäischer Hauptsitz von Sony.

Lage Kemperplatz, Neue Potsdamer, Bellevuestraße, 10785 Berlin-Tiergarten | **Bauherr**
Sony mit Tishman Speyer und Kajima (BE-ST
KG) | **Architekten** Murphy/Jahn, Chicago
(Helmut Jahn) | **Bauzeit** bis ca. 2000 |
Nutzung Sony Europazentrale, Läden, Büros,
Wohnen, Gastronomie, Kino, Unterhaltung

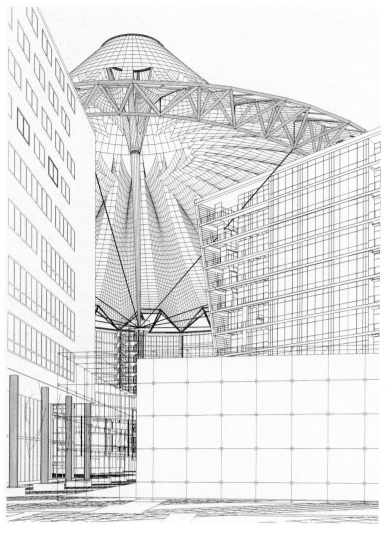

Innerhalb des Gesamtkomplexes unterscheiden Murphy/Jahn nur Räume und Plätze, deren Anordnung sie als eine »behutsam choreographierte Folge« bezeichnen. Besonders deutlich wird dies an der geschwungenen Sony-Passage und dem Sony-Forum, das räumlich und visuell mit der Passage verbunden ist. Von allen Seiten wird das Publikum durch große Eingangstore in das Zentrum gelockt, wo es an einem Modell »Neuer Städtischer Aktivität« teilhaben kann. Bei dieser Betonung von Kommunikation und Interaktion wird der Raum dazwischen genauso wichtig wie die Gebäude selber.

An den einhundert Meter hohen gläsernen Büroturm am Fotsdamer Platz
schließt sich innerhalb des Forumgebäu-
des das Filmhaus an, das mit seiner
geschlossenen, massiven Wand einen
Kontrast bildet. Seine eher konstruktive
Erscheinung erhält das Gebäude durch
ein Fassadensystem aus geformten
Metall- und Pressglaskomponenten
sowie eine den verschiedenen Nutzungs-
bereichen entsprechende Gliederung:

Wintergärten und Laubengänge bei den
Wohnungen sowie vollgeschossige Fen-
sterelemente bei den Büros. Große Wir-
kung geht außerdem von dem Metall-
geflecht einer Projektionswand aus.
Außer einigen Einrichtungen aus dem
Film- und Kinobereich wird auch die
Deutsche Mediathek mit umfangreichem
Informations- und Archivmaterial dort
einziehen.

Hochhaus am Potsdamer Platz.
Links Filmhaus.

Am Potsdamer Platz 1 planen die Architekten Sievers+Piatscheck+Partner ein aus zwei Baukörpern bestehendes Haus: Ein 10geschossiges Sockelgebäude (35 Meter hoch), dem zur Ebertstraße eine Glashalle vorgelagert ist, und einen 23geschossigen Turm (78 Meter hoch), der auf den Platz zeigt. Das Erscheinungsbild prägen eine gläserne Vorhangfassade mit nach außen sichtbaren, diagonal angeordneten Tragkonstruktionen und markanten Eckausbildungen im Dachbereich. Der größte Teil des Gebäudes dient der Büronutzung. Hinzu kommen Einzelhandel und Gastronomie; in den oberen Geschossen des Turmes werden Wohnungen eingerichtet.

Lage Potsdamer Platz 1, 10785 Berlin-Tiergarten | **Bauherr** Delbrück & Co. Privatbankiers, Berlin | **Architekten** Sievers + Piatschek + Partner, Hamburg | **Bauzeit** noch offen | **Nutzung** Büro, Einzelhandel, Wohnungen. Aufgrund der seit März 1995 geltenden Höhenvorgabe von 60 Metern wird der Turm auf 17 Geschosse reduziert.

Parlaments- und Regierungsviertel an der Spree

Das Gebiet zwischen Tiergarten, Spreebogen und Humboldthafen gilt nicht erst in jüngster Zeit als eine äußerst komplizierte Herausforderung an Städteplaner und Architekten, weil der »Platz der Republik«, der frühere »Königsplatz«, aufgrund seiner Lage und seiner Ausmaße in jeder Hinsicht ein städtebaulich schwieriges Areal ist. Die Bebauung des Viertels um den Platz (später Alsenviertel) hatte erst um 1845 begonnen. Die aufwendige gärtnerische Gestaltung des Königsplatzes selbst übernahm Peter Josef Lenné in den Jahren 1844–46. Die markantesten Gebäude waren das von Ludwig Persius erbaute und 1844 eröffnete »Etablissement Kroll« und gegenüber – fast 500 Meter (!) davon entfernt – das 1847 fertiggestellte Palais Raczynski. Die Südseite des Platzes blieb offen und grenzte an den Tiergarten. An der nördlichen Seite zum Alsenviertel entstand zwischen 1867 und 1871 der mächtige Komplex des Generalstabsgebäudes. Die Siegessäule, deren Aufstellung 1873 mit nationalem Pomp gefeiert wurde, bildete den vorläufigen Abschluß der Baumaßnahmen am Königsplatz.

Schon mit der umstrittenen Entscheidung von 1871, das neue deutsche Parlament auf dem Grundstück des Palais Raczynski zu errichten, begann die erneute Auseinandersetzung mit diesem ›außerhalb‹ der Stadt gelegenen und nach wie vor recht ›unattraktiven‹ früheren Exerzierplatz. Der Grund für die Wahl des Standortes dürfte sowohl in der relativen Nähe zum sogenannten Regierungsviertel in der Wilhelmstraße als auch in der Größe des Grundstücks zu suchen sein. Nach Entwürfen von Paul Wallot wurde 1894 das neue Reichstagsgebäude fertiggestellt. Als beherrschendes Element des monumentalen Rechteckbaus mit zwei Lichthöfen und quadratischen Ecktürmen erhob sich über seiner Mitte eine 75 Meter hohe Zentralkuppel aus Eisen und Glas, die damals als ein architektonisches Meisterwerk angesehen wurde. Vervollständigt wurde die pompöse Architektur durch mit Figurenschmuck und anderen Dekorationselementen überladene Fassaden. Obgleich dieser Neubau den Beginn des neuen Regierungsviertels markieren sollte – die Aufstellung von ›vaterländischem Mobiliar‹ (vor allem Denkmale bekannter preußischer Militärs) signalisierte große Absichten – blieb er lange Zeit und letztlich bis heute neben dem nach dem Krieg abgetragenen Generalstabsgebäude das einzige öffentliche Bauwerk an dieser Stelle.

Bereits Wallot hatte sich, ohne Erfolg allerdings, für eine Umgestaltung des so disharmonisch proportionierten Platzes eingesetzt. Neue Entwürfe zur Umgestaltung erbrachte der »Wettbewerb Groß-Berlin«, dessen Ergebnisse 1910 in einer Ausstellung gezeigt wurden. Im Jahre 1920 veröffentlichte der damalige Stadtbaurat Martin Mächler das Konzept einer Nord-Süd-Achse vom nördlich des Reichstages gelegenen Humboldthafen bis zum Anhalter Bahnhof, das vor-

Platz der Republik, 1932.

sah, rund um den Königsplatz verschiedene Reichsbehörden anzusiedeln. Die einzige Chance, die Dimensionen des Platzes in den Griff zu bekommen, sah Mächler nicht in besonderen gartenbaulichen Korrekturen, sondern vor allem in der Integration des Parlamentsgebäudes in ein politisch-architektonisches Zentrum der neuen Republik. Ende der zwanziger Jahre fanden zwei weitere Wettbewerbe statt, die Erweiterungsbauten nördlich des Reichstages zum Thema hatten. Die Ergebnisse waren allerdings unbefriedigend. Nur Hans Poelzigs Entwurf, den Spreebogen halbkreisförmig mit Büroblöcken zu bebauen, ohne gewachsene Architekturräume zu zerstören, fand Anklang. Zur Ausführung irgendeines der zahlreichen Vorschläge kam es allerdings nicht mehr.

Das Jahr 1933 beendete nicht nur wegen des Reichstagsbrandes alle weitergehenden Planungen. Das Gebäude blieb – äußerlich beinahe unbeschädigt – als innen völlig zerstörte Ruine erhalten; seine Funktion hatte der Reichstag ohnehin längst verloren.

Im Rahmen der »Welthauptstadt Germania«-Planungen Albert Speers war vorgesehen, ihn wieder instand zu setzen und als einziges historisches Gebäude zusammen mit dem Brandenburger Tor an der 120 Meter breiten »Großen Achse« zu erhalten. Die Vorarbeiten zu dieser Schneise beinhalteten auch die Versetzung der Siegessäule an ihren heutigen Platz. Angesichts der gigantomanischen Dimensionen

wären beide Bauwerke sicher in den geplanten Baumassen untergegangen.

Das Gebiet um den Königsplatz wurde durch den Krieg vollständig zerstört. Weder das Alsenviertel noch andere öffentliche Gebäude wurden wiederaufgebaut. Auch die Zukunft der Reichstagsruine war lange Zeit ungewiß. Erst im Jahr 1961 erhielt Paul Baumgarten den Auftrag der Bundesbaudirektion zum Ausbau des Reichstagsgebäudes mit einem Plenarsaal ohne konkrete Bestimmung. Die Kuppel, die während des Zweiten Weltkriegs aus statischen Gründen gesprengt werden mußte, fiel den Planungen zum Opfer, und trotz weitestgehenden Erhalts der äußeren Hülle war die innere Umgestaltung erheblich. Bis zur Wende wurde das Gebäude als Raum für die Dauerausstellung »Fragen an die deutsche Geschichte« und zuweilen auch für Tagungen genutzt, nicht aber für Plenarsitzungen und nicht einmal für die alle fünf Jahre stattfindende Bundesversammlung zur Wahl des Bundespräsidenten.

Erst die weltweit beachtete Verhüllung des Reichstags durch das Künstlerpaar Christo und Jeanne-Claude im Sommer 1995 hat sein Image als nutzloses, plumpes Bauwerk und Hinterlassenschaft eines obrigkeitsstaatlichen Geistes zwar nicht endgültig gewandelt, ihm aber doch Aktualität und physische Präsenz zurückgegeben.

Seit dem Hauptstadtbeschluß von 1991 ist die Zukunft des 100 Jahre alten Parlamentsgebäudes

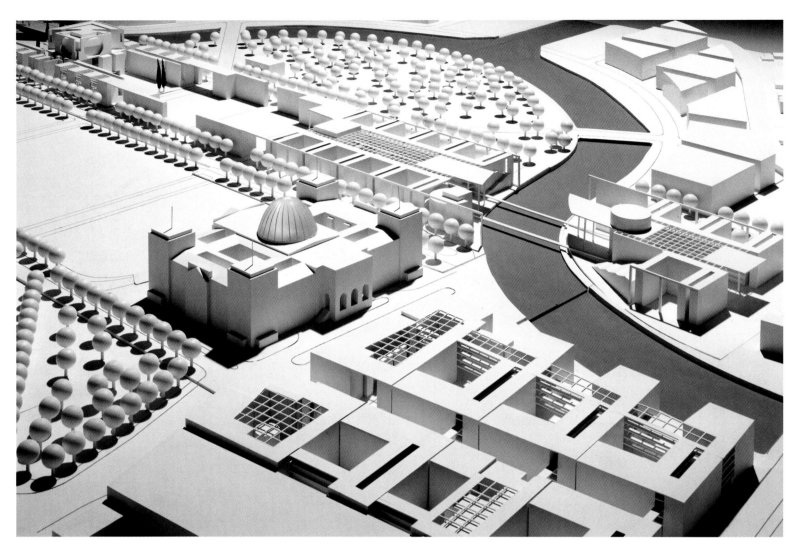

Modell des Regierungsviertels mit dem Reichstag in Bildmitte. Im Vordergrund Dorotheenblöcke; rechter Bildrand Luisenblock; auf der gegenüberliegenden Spreeseite Alsenblock; im Hintergrund Bundeskanzleramt.

gesichert. Rasch entschied man sich darüber hinaus, das neue deutsche Regierungsviertel in der Umgebung des Reichstages anzusiedeln. Obwohl die Ansprüche an ein so kompliziertes Vorhaben keineswegs geringer geworden sind, versuchen sich Architekten und Stadtplaner heute wieder an dieser Aufgabe. Es gilt, ein Parlaments- und Regierungsviertel zu schaffen, das die demokratische Staatsform durch seine Architektur repräsentiert. Es soll den Parlamentariern nicht nur optimale Arbeitsbedingungen bieten, sondern darüber hinaus über ausgezeichnete Verkehrsanbindungen und Sicherheitsstrukturen verfügen, gleichzeitig aber auch Ort einer transparenten, volksnahen Politik sein.

Inzwischen liegt ein städtebauliches Konzept vor, und für einzelne Bereiche gibt es schon konkrete Entwürfe, die laufend aktualisiert werden. Bei dem 1993 ausgetragenen »Internationalen Ideenwettbewerb Spreebogen« überzeugte die Jury unter mehr als 800 eingereichten Arbeiten das rund 100 Meter breite und einen Kilometer lange »Band des Bundes« von Axel Schultes und Charlotte Frank. Die Architekten wollen damit eine städtebauliche Verbindung zwischen der Berliner Altstadt und dem jüngeren Stadtteil Moabit schaffen und zugleich die Hälften der ehemals geteilten Stadt verknüpfeln – laut Urteil des Preisgerichts eine »eigenwillige, kraftvolle städtebauliche Struktur …, die einer mutigen Selbstdarstellung des demokratischen Staates gerecht wird und eine

anspruchsvolle Vorgabe für die weiteren Architekturwettbewerbe ergibt.«

Das Band erstreckt sich vom Moabiter Werder im Westen, zweimal die Spree überquerend, bis zum Bahnhof Friedrichstraße in Berlin-Mitte. Es bezieht drei Bögen mit den darin liegenden Bereichen Moabit, Alsenviertel und Luisenstadt in die Planung ein und bildet so ein lineares Gegenstück zur markanten Biegung des Flusses, die auf diese Weise nicht überbetont wird. Diese Ost-West-Verbindung läuft nicht nur quer zu allen früheren Entwürfen, die eine Nord-Süd-Achse favorisierten, sie kann auch als ein Symbol des Neuanfangs und des angestrebten Zusammenwachsens gedeutet werden.

Bezüglich der Parlamentsfunktionen haben Schultes und Frank eine klare Anordnung vorgeschlagen, die Neubauten für das Bundeskanzleramt im westlichen und für den Alsenblock im östlichen Spreebogen vorsieht. Durch den sogenannten »Spree-Sprung« auf die östliche Uferseite – dies sei hier vorweggenommen – wird der Alsenblock um den Luisenblock ergänzt. Das in der Mitte liegende Rechteck zwischen den genannten Neubauten soll als Bundes- oder Bürgerforum genutzt werden; konkrete Planungen liegen hier allerdings noch nicht vor. Südlich des Alsen-/Luisenblocks, außerhalb des »Bandes«, befinden sich der Reichstag und die an seiner östlichen Seite entstehenden Dorotheenblöcke.

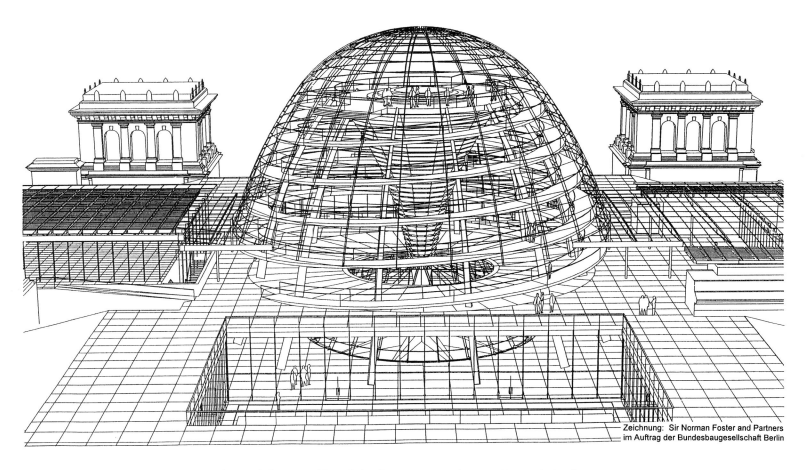

Zeichnung: Sir Norman Foster and Partners
im Auftrag der Bundesbaugesellschaft Berlin

Die Bauarbeiten am Reichstag haben bereits im Juli 1995 begonnen. 1992/93 fand ein Realisierungswettbewerb für den Umbau des Reichstagsgebäudes zu einem ›modernen Arbeitsparlament‹ statt, bei dem zunächst drei erste Preise vergeben wurden: an Santiago Calatrava, an Pi de Bruijn und an Sir Norman Foster, dessen Entwurf sich nach einer längeren Überarbeitungsphase schließlich durchsetzen konnte.

Bevor allerdings mit der Realisierung begonnen werden konnte, mußte auch Foster seine Planungen gemäß den Wünschen des Bauherrn, des Deutschen Bundestages, ›korrigieren‹.

Neben vielfach überarbeiteten Raumkonzepten wurde vor allem der Außenbereich erheblich verändert: Das ursprünglich vorgesehene, auf zwanzig Stützen ruhende Dach, das fast das gesamte Reichstagsgelände überspannen sollte, wird nicht mehr verwirklicht. Desgleichen wurden mehrere andere Varianten der Dachbekrönung verworfen, bis schließlich im März 1995 ein parlamentarischer Beschluß zugunsten einer gläsernen, begehbaren Kuppel gefaßt wurde.

Im Entwurf Norman Fosters, der häufig als Meister der High-Tech-Architektur bezeichnet wird, ist eine reizvolle Verbindung aus Altem und Neuem gelungen. Der Architekt erweist sich im Umgang mit der historischen Bausubstanz als ebenso innovativ wie in der technischen und ökologischen Konzeption. Norman Fosters Planungen zufolge werden die Einbauten der sechziger Jahre vollständig entfernt und die gesamte ursprüngliche Gebäudestruktur freigelegt.

Diese Arbeiten haben interessante Entdeckungen zutage gefördert, die zum Teil auch in den Umbau mit einbezogen werden können – neben großzügig angelegten Treppenaufgängen versteckte Säulen, 100 Jahre alter Wandschmuck sowie russische Inschriften von 1945.

Bis zum Einzug des Deutschen Bundestages in das Gebäude (voraussichtlich im Jahr 1999) wird sich das Innenleben des Reichstages demnach völlig gewandelt haben.

Reichstagsgebäude, 1907.

Der rundum verglaste Plenarsaal auf einer Grundfläche von 1.200 m², mit elliptischer Sitzordnung bei ansteigendem Saalboden, bildet das Zentrum des Gebäudes. Er wird durch die Kuppel mittels eines lichttechnischen Kegelelementes auf natürliche Weise belichtet und belüftet.

Ein überwiegend aus Tribünen und Informationsräumen bestehendes neues Zwischengeschoß ermöglicht auch Besuchern die Teilnahme an den Sitzungen des Bundestages. Besucher betreten den künftigen Parlamentssitz übrigens von der repräsentativen Westseite am Platz der Republik, während die Abgeordneten, von den Neubauten der Dorotheenblöcke kommend, vorwiegend den östlich gelegenen Eingang benutzen werden. Das zweite Obergeschoß deckt den Raumbedarf des Bundestagspräsidenten, des Ältestenrates und der Bundestagsverwaltung. Im dritten sind die Fraktionssäle und die Presselobby untergebracht. Von der Dachterrasse aus erreicht man über eine spiralförmig angelegte Rampe die öffentlich zugängliche Aussichtsplattform der Kuppel und ein Restaurant.

Lage am Spreebogen, Scheidemann-/Ebertstaße, 10557 Berlin-Tiergarten/10117 Berlin-Mitte | **Bauherr** Bundesbaugesellschaft Berlin mbH, im Auftrag der Bundesrepublik Deutschland | **Architekt** Sir Norman Foster | **Bauzeit** 1995–1999 | **Nutzung** Deutscher Bundestag

Für die Parlamentsbauten im ehemaligen Dorotheenviertel gibt es zwar schon detaillierte Planungen, die aber noch auf die Freigabe durch den Bauherrn warten und laufend umgearbeitet werden. Der Bürger, dessen höchste politische Repräsentanten hier einziehen werden, muß sich also vorerst mit den Rahmendaten und Grobstrukturen begnügen.

Auf rund 45.000 m² Hauptnutzfläche stehen Fraktionen, Abgeordneten und einem Teil der Bundestagsverwaltung etwa 2.000 Räume zur Verfügung. Das Reichstagspräsidentenpalais auf der Ostseite des Reichstages, das wie andere denkmalgeschützte Altbauten in die Bebauung einbezogen wird, bleibt der Deutschen Parlamentarischen Gesellschaft und dem Bundestag für repräsentative Anlässe vorbehalten.

Fünf Architekturbüros haben sich für dieses Projekt zu einer Planungsgesellschaft zusammengeschlossen: Busmann und Haberer (Köln), de Architekten Cie (Pi de Bruijn, Amsterdam), von Gerkan, Marg und Partner (Hamburg), Schweger & Partner (Hamburg) und Thomas van den Valentyn (Köln). Jedes von ihnen wird seinen Bereich auf individuelle Weise gestalten; gleichwohl möchten die Architekten die Summe ihrer Entwürfe als Gemeinschaftswerk verstanden wissen.

Mit sechs Geschossen orientieren sich die Neubauten an der Berliner Traufhöhe, so daß sich die Blöcke in ihren Proportionen in die vorhandenen Stadtstrukturen integrieren werden. Kritiker dieser Parlamentsstadt befürchten die Entstehung eines allzu großflächigen und aufgrund erhöhter Sicherheitsvorkehrungen in sich abgeschlossenen, introvertierten Gebäudekomplexes. Das der Öffentlichkeit zugängliche Modell des Amsterdamer Büros Cie gibt eine partielle Vorstellung davon, wie es in den Dorotheenblöcken aussehen wird.

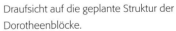

Passagen, Hallen und Brücken verbinden die Verwaltungsgebäude miteinander.

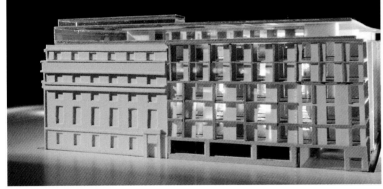

Anpassung der Neubebauung an den Altbestand.

Draufsicht auf die geplante Struktur der Dorotheenblöcke.

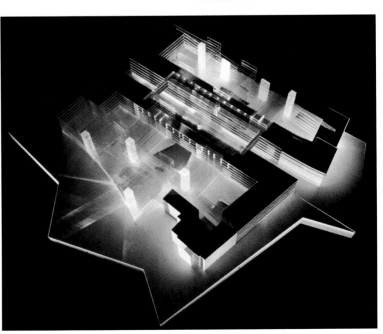

Lage nördlich und südlich der Dorotheenstraße, 10117 Berlin-Mitte | Bauherr Bundesgesellschaft Berlin mbH, im Auftrag der Bundesrepublik Deutschland | Architekten Busmann und Haberer, Köln, De Architekten Cie, Amsterdam, von Gerkan, Marg & Partner, Hamburg, Thomas van den Valenyn, Köln | Bauzeit 1996–1999 | Nutzung Parlamentsneubauten

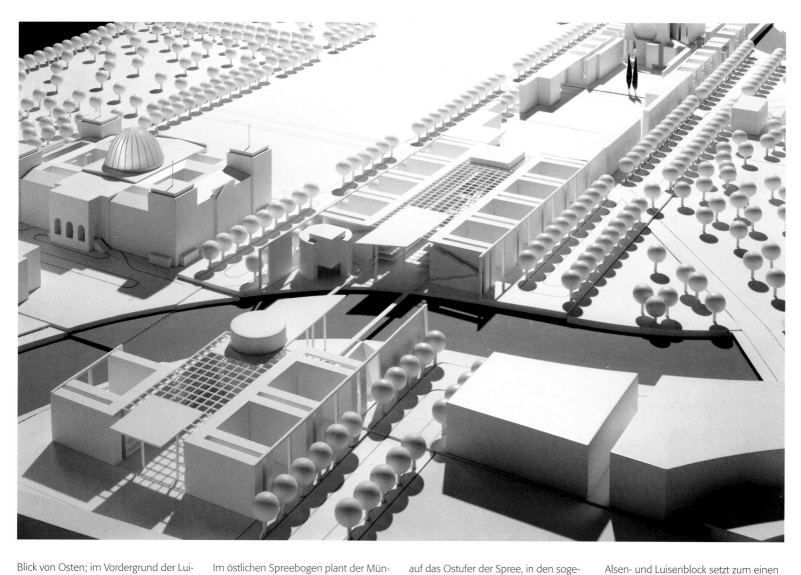

Blick von Osten; im Vordergrund der Luisenblock, daran anschließend der Alsenblock.

Lage Alsenblock im östlichen Spreebogen, Luisenblock weiter östlich, die Spree überquerend | Bauherr Bundesbaugesellschaft Berlin mbH, im Auftrag der Bundesrepublik Deutschland | Architekt Stephan Braunfels, München | Bauzeit 1996 – 1999 (Alsenblock)/2000 (Luisenblock) | Nutzung Parlamentsneubauten

Modellphotos S. 88 u. 89 oben: Antonia Weiße

Im östlichen Spreebogen plant der Münchener Architekt Stephan Braunfels einen sechsgeschossigen Parlamentsneubau, den Abgeordnete und Verwaltungsmitarbeiter künftig beziehen werden. Laut Vorgabe sollten im 200 Meter langen Alsenblock auf 44.000 m² Hauptnutzfläche über 1.700 Räume für Abgeordnete und Ausschüsse, die Bundestagsverwaltung, Archive, den Besucherdienst, die zentrale Parlamentsbibliothek und ein Restaurant Platz finden. Zum Vergleich: im Bundeskanzleramt müssen auf einem größeren Grundstück ›nur‹ 19.000 m² Nutzfläche untergebracht werden – eine Herausforderung für die Planer, gilt es doch optimale Arbeitsbedingungen auf engstem Raum zu schaffen. Da Braunfels im Rahmen des Realisierungswettbewerbs zum Schluß kam, daß das von der Bundesregierung angestrebte Raumprogramm nur unter höchster Verdichtung und bei großer Enge umgesetzt werden könne, erhielt er von der Bundesbaugesellschaft den Auftrag, eine Bebauungsvariante zu entwickeln. Braunfels' neuer Vorschlag geht nun dahin, die Bundestagsbibliothek und die Büros für die wissenschaftlichen Fachdienste aus dem Alsenblock

auf das Ostufer der Spree, in den sogenannten Luisenblock, zu verlagern. Ein Kunstgriff, denn mit diesem »Spree-Sprung« werden mehrere städtebauliche Probleme gelöst: Als Standort der Ausschüsse kann der Alsenblock seine wichtigste Funktion nun voll entfalten, gleichzeitig entsteht ausreichend Raum für die Sitzungssäle der Ausschüsse, den Anhörungssaal, die Besuchersäle sowie das Besucherrestaurant. Die Bundestagsbibliothek bekommt in dieser Variante einen prominenten Platz jenseits des Spreebogens, dem Reichstag gegenüber, der durch Brücken mit dem Alsenblock verbunden wird. Das lange Zeit unbebaute östliche Spreeufer erhält mit der Bibliothek einen dringend notwendigen Akzent, ohne den den neuen Bauten von Parlament und Bundesregierung das wünschenswerte Gegenüber fehlen würde. Der »Spree-Sprung« wird nach Ansicht Braunfels' nicht nur das »Band des Bundes« von Schultes und Frank vollenden, sondern den Hauptgedanken dieses Konzeptes, den Ost-West-Brückenschlag über die Spree als Symbol der Wiedervereinigung, erst verwirklichen. Der Entwurf einer Architektur für den

Alsen- und Luisenblock setzt zum einen die Identifikation mit der von Schultes und Frank vorgegebenen Figur voraus, zum anderen die strikte Einhaltung sämtlicher städtebaulicher Vorgaben und Eckdaten, da der Alsen-/Luisenblock den ersten Teilabschnitt der Bebauung bilden wird und einen problemlosen Anschluß gewährleisten muß. Diese Erwartungen hat das Team von Stephan Braunfels erfüllt, ohne die eigene Kreativität zu sehr zurückzustellen. Entstanden ist ein langes Hauptgebäude mit einer offenen, transparenten Struktur, das zwischen dem Forum im Westen und dem Spreeufer im Osten eine hallenartige Raumfolge aufweist, die sich nach beiden Seiten öffnet. Anstatt die Arbeitsräume für Abgeordnete, Ausschüsse und wissenschaftliche Dienste introvertiert in rahmende Mauerscheiben zu zwängen die durch gerasterte Bürofenster gegliedert werden, ordnen die Architekten die Büros in den nach Norden und Süden gerichteten Gebäudeteilen kammartig an. Auf diese Weise erhält jeder Arbeitsraum freien Blick auf den Landschaftsraum des Spreebogens, wobei sich das Band der Abgeordneten zum Reichstag hin öffnet.

Wiederum sind Axel Schultes und Charlotte Frank zu nennen, da die Urheber des städtebaulichen Plans auch das Bundeskanzleramt realisieren werden. Nachdem die Wettbewerbsjury Ende 1994 einen weiteren, gleichrangigen ersten Preis an die junge Berliner Architektengemeinschaft Krüger/Schuberth/Vandreike vergeben hatte, entschieden sich Helmut Kohl und seine Berater im Juni 1995 für den Entwurf von Schultes und Frank. Seitdem überarbeiten die beiden Architekten ihre Planung, so daß das künftige Bundeskanzleramt nur ›umrißhaft‹ beschrieben werden kann.

Wie schon erwähnt entsteht dieser Neubau im inneren westlichen Spreebogen und ist parallel zur Nord- bzw. Südallee ausgerichtet. Auf einer Hauptnutzfläche von 19.000 m² gliedert er sich in einen Leitungs- und einen Verwaltungsbereich. Letzterer ist der Berliner Traufhöhe entsprechend 22 Meter hoch und nimmt auf vier bis fünf Stockwerken hauptsächlich Büroräume auf, die mit modernster Kommunikationstechnik ausgestattet sind. Zentral zum Verwaltungsbereich ist das Leitungsgebäude in Form eines Kubus angeordnet, dessen Höhe sich auf 40 Meter beschränkt, um die Dominanz des Reichstages nicht in Frage zu stellen. Diesen Kubus prägen hohe, helle Wandscheiben mit großen, runden Öffnungen nach Norden und nach Süden. Hinter diesen, weiter im Inneren, trifft man schließlich auf einen Glaskörper, der das zehnstöckige Leitungsgebäude enthält. Darin befinden sich die Büros des Bundeskanzlers und des Vorsitzenden des Bundeskanzleramtes, sowie die Räume der Staatsminister, die Kabinettssäle, das Lagezentrum und ein Konferenz- und Pressezentrum im ersten Obergeschoß. Über die Nordallee gelangt man in das großzügig und einladend angelegte Foyer im Erdgeschoß, dem ein zeremoniellen Zwecken dienender Ehrenhof vorgelagert ist. Westlich des Bundeskanzleramtes, jenseits des Spreeufers, erstreckt sich der Park des Kanzlers, an dessen Ende auch das Band des Bundes einen muschelartig gerundeten Abschluß findet.

Lage westlicher Spreebogen, Berlin-Tiergarten | **Bauherr** Bundesbaugesellschaft Berlin mbH, im Auftrag der Bundesrepublik Deutschland | **Architekt** Axel Schultes, Berlin | **Bauzeit** 1996–1999 | **Nutzung** Leitungs- und Verwaltungsgebäude für das Bundeskanzleramt

Computersimulation: PVZB/Archimation

Blick von Westen auf das »Band des Bundes«.

Bundeskanzleramt mit Blick in den Ehrenhof (Stand Ende 1994).

Westlich des Humboldthafens entsteht am historischen Ort der 1871 eingerichteten Fernbahnlinie nach Lehrte (bei Hannover) einer der wichtigsten Kreuzungsbahnhöfe Deutschlands. Bis zum Jahr 2002 wird der Lehrter Bahnhof zum Verkehrsknotenpunkt zwischen der neuen Nord-Süd-Fernbahnverbindung und der Ost-West-Stadtbahn. Zugleich ist er mit seinen vier unterirdischen Bahnsteigen für Fern- und Regionalverkehr Umsteigebahnhof zur verlängerten U-Bahn-Linie 5, zur Ost-West-Fernbahn und zu den S-Bahn-Linien der Stadtbahn. In unmittelbarer Nähe zum Spreebogen im Süden und dem sich nordwestlich anschließenden neuen Stadtquartier Moabits gelegen, muß der neue Bahnhof über die rein verkehrstechnischen Aufgaben hinaus eine stadträumliche Klammerfunktion zwischen Regierungsviertel und dem neuen Wohnquartier ausfüllen. Die in ähnlichen Projekten sehr erfahrenen Architekten von Gerkan, Marg und Partner, die unter anderem den Flughafen Berlin-Tegel erbaut haben, reagieren auf diese Anforderungen geschickt mit Mitteln der Architektur und Ingenieurbaukunst. Sie versuchen, das im Zeitalter zunehmenden ökologischen Interesses wieder positiv besetzte Image des Schienenverkehrs im Bahnhofsgebäude umzusetzen.

Modellphotos: H. Leiska

Seitenansicht mit östlichem Ausgang.

Innenansicht der verschiedenen Ebenen.

Lage Berlin-Tiergarten | **Bauherr** Deutsche Bahn AG | **Architekten** von Gerkan, Marg und Partner, Hamburg (Meinhard von Gerkan) mit Jürgen Hillmer | **Mitarbeiter** J. Kalkbrenner, M. Stanek (Entwurf), S. Winter, P. Bucher, S. Gressel, B. Queck, K. Hoyer, E. Özen, G. v. Stülpnagel, R. Blume, S. Zittlau-Kroos, I. Quast | **Bauzeit** bis ca. 2000 | **Nutzung** kommerzielle N. 75.000 m², Bahnbetrieb 4.300 m², Verkehrs- und Verteilfläche 19.500m², Bahnsteige 35.000m²; ICE, S-, U-Bahn;

Aufbau der fünf Verkehrsebenen:

+1: Stadtbahntrasse für die S-Bahn-Linien S3, S5, S6, S9, Ost-West-Verbindung für den Fern- und Regionalverkehr 1/2: Verteilerebene 0: Straßenbahnen, Busse, Taxen, bahnbetriebliche Dienstleistungsanlagen -1: Fußgängerebene, bahntechnische Anlagen, bahnbetriebliche und Deinstleistungsanlagen -2: Nord-Süd-Trasse der Fern- und der Regionalbahn, Nord-Süd-Flughafenexpress

Computersimulation: H. Jacoby

Schnitt durch das Modell des Lehrter Bahnhofs.

Eine wichtige Rolle spielen dabei die Beleuchtungsverhältnisse, denn das Licht wird je nach Tages- und Jahreszeit in den Bahnhof fallen, um ihn »in seiner Stimmung und seinem Ambiente dem Charakter öffentlicher Straßen und Plätze möglichst weitgehend anzugleichen« (Meinhard von Gerkan). Große Öffnungen im Boden der Bahnhofshalle lassen das Tageslicht bis auf die tief unter der Erde liegende Bahnsteigebene gelangen. In klar strukturierten, überschaubaren, aber nicht leer wirkenden Räumen sollen sich die Reisenden ungezwungen

bewegen können. Der geplante Bahnhof wirkt durch die Verwendung von Glas und Metall trotz seiner Größe filigran und transparent. Den Eindruck von Leichtigkeit verstärken die Architekten, indem sie die Gebäudeteile in einen rechteckigen Sockel einbinden, der mit einer Höhe von 4,40 Metern über Straßenniveau ebenfalls begehbar sein wird. Im Bahnhofsgebäude selber ›kreuzen‹ sich die ost-westlich ausgerichtete 240 Meter lange Bahnsteighalle und die quer dazu liegende Bahnhofshalle. Beide Hallen tragen Glasdächer, ihre kreuzförmige An-

ordnung ist aufgrund der transparenten Konstruktion auch im Inneren erkennbar. Auf diese Weise entstehen großzügige, lichtdurchflutete Räume mit angenehmer Atmosphäre.

Tritt man nach Ankunft auf dem Lehrter Bahnhof aus dessen östlichem Ausgang auf den Vorplatz, fällt der Blick auf die Kolonnadenbebauung des Humboldthafens. Sie gehört zu dem neu entstehenden Stadtquartier am Lehrter Bahnhof, das nach Plänen von Oswald Mathias Ungers entsteht.

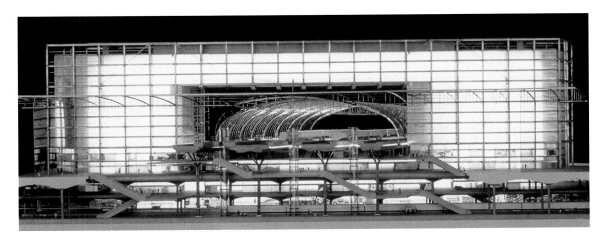

West-City

Die West-City, das sind seit Ende des letzten Jahrhunderts vor allem der Kurfürstendamm und die Tauentzienstraße. Der Ku'damm, ursprünglich nichts anderes als ein Reitweg und die direkteste Verbindung zwischen Berlin und dem Grunewald, wurde nach der Reichsgründung 1871 zu einem repräsentativen Boulevard mit Wohnungen, Büros, Geschäften und Kaffeehäusern ausgebaut, während die Tauentzienstraße sich spätestens seit Beginn dieses Jahrhunderts zu einer stark frequentierten Einkaufs- und Flaniermeile entwickelte. Vor allem das 1907 eröffnete »KaDeWe« zog die Menschen in den ›Neuen Westen‹, und spätestens in den zwanziger und dreißiger Jahren hatte der »Tauentzien« der alten City und der Friedrichstraße den Rang abgelaufen. Heute zählt er zu den umsatzstärksten Einkaufsstraßen Deutschlands.

Nach dem Krieg, der den Tauentzien dem Erdboden gleichmachte, wurde er sehr schnell wiederaufgebaut. Nicht so jedoch die Ruine der 1895 eingeweihten und 1943 ausgebrannten Kaiser-Wilhelm-Gedächtniskirche auf dem Breitscheid-, dem früheren Auguste-Victoria-Platz. Erst als Kriegsmahnmal haben viele Berliner das ehemals heftig umstrittene Bauwerk von Franz Schwechten ins Herz geschlossen. Heute gilt die markante Silhouette der Gedächtniskirche, die 1959 – 61 von Egon Eiermann um einen achteckigen Kirchenbau, einen rechteckigen Sakristeibau und einen sechseckigen Glockenturm ergänzt wurde, als Wahrzeichen des Berliner Westens in der Nachkriegszeit.

Auch der Kurfürstendamm erlebte einen raschen Wiederaufbau – Baulücken wurden durch Neubauten aufgefüllt und einige historische Gebäude rekonstruiert –, so daß heutige Planungen nur wenige Neubauten umfassen und sich letztlich auf Modernisierungen oder Umbauten von provisorischen Nachkriegsbauten konzentrieren.

Der Kurfürstendamm an der Kreuzung zur Joachimstaler Straße, im Vordergrund der heutige Joachimstaler Platz, 1905. Im Hintergund sieht man den Bahnhof Zoologischer Garten. Auf dem Grundstück des linken Gebäudes steht heute der Neubau des »Café Kranzler«, der ebenso wie das Warenhaus »bilka« Teil der von Hanns Dustmann 1956 – 58 verwirklichten Neubebauung des sogenannten »Victoria-Areals« zwischen Kurfürstendamm, Joachimstaler- und Kantstraße ist. Ein 17geschossiges Bürohochhaus zwischen Kantstraße und Kurfürstendamm kam damals nicht zur Ausführung. An dieser Stelle errichtet der amerikanische Architekt Helmut Jahn seinen 50 Meter hohen, gläsernen Neubau. Im Hintergrund auf der rechten Seite der Joachimstaler Straße entsteht das »Zoofenster«.

Kreuzung Joachimstaler-/Hardenberg-
straße, links im Bild die Gedächtniskirche, rechts im Hintergrund das
Kranzlereck.

Wer auf dem Bahnhof Zoo in Berlin an-
kommt, einem vergleichsweise kleinen,
wenig hauptstädtischen Bahnhof, wird
zukünftig sogleich beim Verlassen der
Bahnhofshalle durch einen Superlativ
entschädigt. Vor ihm erhebt sich auf
einem dreieckigen Grundstück zwischen
Joachimstaler, Hardenberg- und Kantstraße eines der höchsten Häuser der
Stadt. »Zoofenster« wird dieses nach
einem Entwurf von Richard Rogers ent-
stehende Bürohaus genannt, das, seine
zentrale Lage nutzend, auch einige Hotelzimmer und Konferenzräume bereithält.
Tatsächlich hat man von den oberen der
22 Stockwerke aus, insbesondere von
der Aussichtsgalerie in dem höheren der
beiden Türme, einen wunderbaren Blick
auf die Grünanlagen des Zoologischen
Gartens, den Bahnhof und die City mit
all ihren Wahrzeichen. Im engeren Um-
kreis erkennt man die Gedächtniskirche,
den Ku'damm, das Theater des Westens,
das »Kantsegel«, den Ernst-Reuter-Platz
und zwei weitere Neubauten, von denen
noch die Rede sein wird. Das »Zoofenster« ist aber nicht nur Aussichtsturm
und markanter Punkt in der West-City,
sondern auch eine architektonische

Bereicherung. Richard Rogers errichtet
ein sehr schlankes Gebäude mit filigraner
Struktur, das aufgrund der Anordnung
seiner Baukörper unterschiedliche Fas-
sadenseiten ausbildet. Während sich an
der Kantstraße eine schmale, glänzende
Scheibe steil aufrichtet, schieben sich zur
Hardenbergstraße hin zwei turmartige
Baukörper vor. In diesen Türmen befinden sich – wie wir schon bei den Rogers-
Bauten am Potsdamer Platz gesehen
haben – Aufzüge, Treppen und Toiletten,
die von den Büroflächen abgesetzt werden. Der höhere von ihnen trägt zudem
die Antennenanlage, was ihn optisch
noch weiter in den Himmel wachsen läßt.

Lage Kant-, Joachimstaler, Hardenbergstraße,
10623 Berlin-Charlottenburg | **Bauherr** Brau
und Brunnen, Dortmund | **Architekten** Rich-
ard Rogers Partnership, London | **Bauzeit**
unbestimmt | **Nutzung** Büros, Läden, Konfe-
renzräume, Gastronomie

Ein weiterer prominenter Ort, dessen Aussehen sich in den nächsten Jahren drastisch verändern wird, ist das »Kranzlereck« an der Kreuzung Ku'damm/Joachimstaler Straße: An dieser Stelle wird der Chicagoer Architekt Helmut Jahn hinter dem »Café Kranzler« einen Neubau für die Victoria-Versicherungen errichten. Das Projekt hat in jüngster Zeit für einen Skandal gesorgt, da der Investor seine Zusage, hier auf Dauer Arbeitsplätze zu schaffen, die Bedingung für die Erteilung der Baugenehmigung war, nicht einhalten wird. Die Architektur Helmut Jahns ist davon aber nicht betroffen: Er wird wie geplant hinter die vorhandenen Bauten einen 50 Meter hohen Gebäuderiegel setzen – ein städtebaulich nicht unproblematisches Vorhaben, da das »Kranzler« mit seinem runden, auf das Flachdach gesetzten Pavillon nur zweigeschossig ist. Ebenso die langgestreckte,

auf Stützen gestellte Ladenzeile, die an ihrem Ende durch das Kaufhaus »bilka« um zwei Stockwerke überragt wird. Jahn löst diese Aufgabe, indem er die Neubebauung so weit wie möglich nach hinten verschiebt und ihre Größe so – von der Kreuzung aus gesehen – optisch verringert. Die Höhenabstufungen des Neubaus verhindern außerdem einen allzu abrupten Übergang zum Altbestand. Unter ausschließlicher Verwendung von Glas erreicht Jahn, daß sich die Materialität des Gebäudes weitgehend aufzulösen scheint. Selbst den Eingang zur Passage markiert ein durchsichtiges Stück Kunst am Bau.

Lage Kurfürstendamm, 10719 Berlin-Charlottenburg | Bauherr DIFA Deutsche Immobilienverwaltung | Architekten Murphy/Jahn, Chicago (Helmut Jahn) | Bauzeit unbestimmt | Nutzung Büros, Läden, Gastronomie

Blick in die Fasanenstraße; links im Anschnitt das vorhandene IHK-Gebäude, dahinter der Neubau von Nicholas Grimshaw.

Lage Fasanenstraße 83/84, 10623 Berlin-Charlottenburg | **Bauherr** Industrie- und Handelskammer zu Berlin | **Architekten** Nicholas Grimshaw & Partners, London/Berlin | **Mitarbeiter** N. Sidor, I. Bille, M. Pross (Projektleitung), Th. Deuble, C. Kromschröder, H. Schröder, B. Greulich, A. Bumann, S. Raynor-Houser, K. Flender, M. Hetzel, S. Piercy, B. Dyer, B. O'Looney, Ch. Scott, E. Jones, Y. Al-Ani, M. Bauer, R. Connor | **Bauzeit** 1994–1997 | **Nutzung** Börse mit Service- und Kommunikationszentrum 18.000 m², Ausstellungsräume, Restaurant, Hörsaal

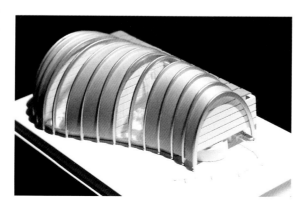

Atrium im ersten Obergeschoß mit
Panoramalifts.

Wenn wir die Hardenbergstraße in Richtung Ernst-Reuter-Platz hinaufgehen, erreichen wir auf der linken Seite bald die Industrie- und Handelskammer, einen sechsgeschossigen Stahlbetonskelettbau, den Franz Heinrich Sobotka und Gustav Müller Mitte der fünfziger Jahre realisiert haben. Hatte sich die IHK damit ein zeittypisches, aber auch qualitätvolles Haus errichten lassen, so beweist sie mit dem neuen Ludwig Erhard Haus Mut zum Außergewöhnlichen. Dieser ins Auge springende Bau beruht auf dem innovativen ökotechnischen Architekturkonzept des Briten Nicholas Grimshaw und wird in Zukunft die Börse nebst Kommunikations- und Dienstleistungszentrum unter seinem Dach aufnehmen. Dieses Stahlbauwerk, das die angrenzende Teilbebauung des Blocks vervollständigen soll, bezieht seine starke Präsenz aus der eigenwilligen Form eines Gürteltieres und dem Schimmer seiner stählernen Gurtbögen, die mit transparenten Glasflächen wechseln. Eine öffentlich zugängliche ›interne Straße‹ erlaubt den ungehinderten Einblick in das Börsengeschehen und ist zugleich Zugang zu den Büros und Konferenzräumen sowie zu einem Restaurant. Hier kann man die Schönheit modernster, in klaren Linien geführter Stahl- und Glaskonstruktionen genießen, wobei die Panoramalifts unterschiedliche Ausblicke ermöglichen.

Ludwig Erhard, erster Wirtschaftsminister der Bundesrepublik Deutschland (später Bundeskanzler) und als Symbolfigur des »Wirtschaftswunders« Verkörperung unternehmerischen Erfolges, soll nach dem Wunsch der Bauherren nicht nur mit seinem Namen Pate für dieses neue Haus stehen, das neben der Börse einen Beratungsservice für in- und ausländische Unternehmer sowie IHK-interne Gremien und den »Wirtschaftsclub« als Treffpunkt des Vereins Berliner Kaufleute und Industrieller aufnehmen wird.

Kurfürstendamm 70/Ecke Lewisham-
straße: Auf nur 60 m² gelang es dem
Architekten hier, in zehn Geschossen
800 m² Büroflächen unterzubringen.

Weniger auf Unscheinbarkeit ausgerichtet als das »Kranzlereck« sind diese beiden Häuser von Helmut Jahn am Kurfürstendamm 70 und 119.

Kurfürstendamm 119.

Das weitaus großflächigere Büro- und
Geschäftshaus der »Jahn-Serie« am Kurfürstendamm 119 bezieht seine beein-
druckende Wirkung vor allem durch den
zum Ku'damm weisenden, turmartigen,
runden Baukörper. Blickfang ist darüber
hinaus der aufgestellte und gefächerte
Ring um die gesamte Dachzone, der
interessante Licht- und Schattenspiele
hervorruft.

Neue Stadtquartiere

Mit den Großprojekten Wasserstadt Oberhavel, Landsberger Allee und Biesdorf-Süd, die uns im folgenden beschäftigen, wechseln wir auch den Gegenstand unserer Betrachtung. Auf unseren bisherigen Spaziergängen haben wir neue Bauten im Stadtgefüge betrachtet, in unserer Vorstellung die Arkadengänge eines neuen Stadtteils benutzt und neue Gebäudedimensionen auf uns wirken lassen. Dabei galt unsere Aufmerksamkeit vorrangig der Architektur. Im Rahmen der oben genannten Stadtumbau-Maßnahmen gilt es, »Räume« innerhalb des Stadtgebietes kennenzulernen, für die es umfangreiche, neue Planungen gibt. Dabei handelt es sich um große, sogenannte »untergenutzte« Flächen, die insbesondere nach dem Fall der Mauer an Bedeutung gewannen, als es darum ging, Lösungen zu finden für den bereits bestehenden beziehungsweise prognostizierten Bedarf an Wohnungen, Gewerbeflächen, Arbeitsplätzen und öffentlichen Einrichtungen. All dies soll nach aufwendigen Prüfungsverfahren in einer ausgewogenen Mischung auf verschiedenen Flächen Berlins entstehen. Wie zwar auch bei allen anderen Bauvorhaben in Berlin gilt es hier in besonderem Maße, bekannte Muster auf ihr Für und Wider sowie ihre Zukunftstauglichkeit zu überprüfen. Das Entstehen neuer Städte innerhalb der Stadt erfordert eine Auseinandersetzung mit dem Städtebau der Vergangenheit, die sehr bald vor Augen führt, daß die heute benennbaren Fehler beim Siedlungsbau der zwanziger Jahre oder der Großsiedlungen der sechziger Jahre keinesfalls wiederholt werden dürfen: Mangel an Urbanität, fehlender Zusammenhang mit der städtischen Umgebung, Charakterlosigkeit in der Gestaltung, Funktionstrennung und Einseitigkeit.

Nach den Zielsetzungen heutigen Städtebaus soll vielmehr ein Miteinander von Wohnen, Arbeiten und Vergnügen ermöglicht werden. Dabei kommt es vor allem darauf an, daß die geplanten Stadtumbaumaßnahmen an den tatsächlichen Bedürfnissen der Menschen orientiert sind, was natürlich umfangreiche Voruntersuchungen und ein »soziales Gewissen« der Städtebauer voraussetzt. Nur so werden die von Planern erdachten Räume auch zu erlebbaren Räumen. Einige Bebauungsplanungen im Rahmen der Stadtumbau-Maßnahmen zeigen außerdem, daß die Frage Block- oder Zeilenbauweise ebenfalls der Vergangenheit angehört. Auch hier wird eine Mischung favorisiert, die vom Pavillon über neuartige Blockformen bis zum Hochhaus reicht. Drei dieser Projekte werden auf den folgenden Seiten vorgestellt.

Die Stadt am Wasser

Die zukünftige Wasserstadt Berlin-Oberhavel, mit deren Fertigstellung etwa im Jahr 2010 zu rechnen ist, gehört zum Bezirk Spandau und liegt nördlich der Altstadt und der bekannten Zitadelle. Sie entsteht rund um die Insel Eiswerder auf einer Gesamtfläche

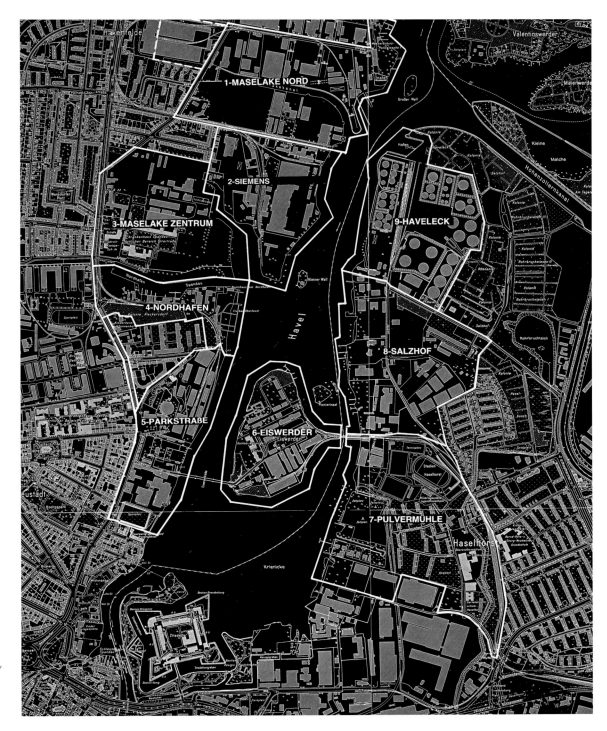

Lageplan mit den 9 Quartieren,
Verantwortliche Architekten: Quartiere 1,
2, 9: Ch. Langhof, Quartiere 1, 3, 4, 5:
K. Zillich, Quartiere 6, 7, 8: H. Kollhoff.
Landschaftsplanung: H. Langenbach.

Lage Berlin-Spandau | **Projektentwicklung**
TET Wasserstadt Berlin-Oberhavel GmbH,
Berlin | **Städtebau** TET mit Hans Kollhoff,
Klaus Zillich, Christoph Langhof, Heike Langen-
bach | **Architekten** diverse | **Bauzeit**
1994–2015 | **Grundstücksgröße** Brutto-
fläche 206 ha, Nettobauland 99,1 ha |
Investitionsvolumen 11–13 Milliarden DM
(Anteil öffentliche Gelder) | **Finanzierung**
Sozialer Wohnungsbau ca. 70%, freie Finan-
zierung ca. 30% | **Nutzung** Wohnungen mit
ca. 12.700 Wohneinheiten, 960.000 m²
Gewerbe- und Dienstleistungsflächen, 16 Kitas,
7 Grundschulen, 3 Oberschulen, 3 Jugendfreizeitheime, 3 Senioren-/Behindertenheime,
1 Sozialstation, 3 betreute Spielplätze, 1 Hallen-
und Freibad

von 206 Hektar und soll mit über 12.700 Wohneinheiten ungefähr 34.000 Einwohnern Platz bieten
sowie 22.000 Arbeitsplätze bereithalten. Außer den
genannten Wohnungen und 960.000 m² Dienstleistungsflächen sind auch Schulen und soziale Einrichtungen wie Jugendfreizeitheime, Kinder-, Senio-
ren- und Behindertenbetreuung eingeplant. Dieses
gewaltige Unternehmen ist ausnahmsweise keine
Folge des Mauerfalls; erste Überlegungen dazu gab
es bereits im März 1989 im Zuge des »Ökologischen
Stadtumbaus«, den sich die damalige rotgrüne Koali-
tion zum Ziel gesetzt hatte.

Dabei datierte die Wiederentdeckung der Res-
source Wasser bereits aus der Zeit der Internationalen Bauausstellung (IBA) 1987, als insbesondere das
Projekt »Tegeler Hafen« zeigte, daß Wasser die Attraktivität neuer Wohnanlagen erheblich steigert. Auf der
Suche nach Freiflächen für Wohnungen und Arbeits-

plätze, die den erwarteten Bevölkerungszuwachs aufnehmen sollten, schlossen sich vier Berliner Architekturbüros zusammen: Hans Kollhoff und Helga Timmermann, Christoph Langhof, Jürgen Nottmeyer
und Klaus Zillich, die sich später als »Leibniz-Gruppe« bezeichneten. Sie entdeckten den reizvoll gelegenen Landschaftsraum um die Insel Eiswerder, wo
sich seit über einem Jahrhundert militärische und
zivile Industrien angesiedelt hatten – auch zum Schaden der Natur, die nun mit Rückständen von Öl und
Schwermetallen belastet ist. Es gelang den Architekten aber, eine Vorstudie zu erstellen für eine Stadt
am Wasser, zu beiden Seiten der Havel. Anders als im
herkömmlichen Städtebau legte die Gruppe nicht
zuerst Verkehrswege und Nutzungsverteilungen fest,
sondern beschloß, vor allem anderen die Elemente
zu definieren, mit und in denen die zukünftigen Bewohner leben und sich bewegen sollten: Stadträume,

Gebäude, Plätze, Fußgängerzonen und Spazierwege. Parallel entwickelte eine Projektgruppe im Bezirksamt Spandau für denselben Bereich ein Konzept für eine Gartenstadt.

Nach der Wende, die das Inseldasein West-Berlins beendete und der Stadtplanung vollkommen neue Dimensionen eröffnete, mußten beide Studien überarbeitet werden. Im März 1992 wurde ein Rahmenplan erstellt und das Gebiet durch den Berliner Senat förmlich zum Entwicklungsbereich erklärt. Überlegungen, wie ein Unternehmen dieser Größenordnung am besten durchgeführt werden könnte, veranlaßten den Senat dazu, einen treuhänderischen Entwicklungsträger einzusetzen: So wurde im August 1992 die TET Wasserstadt Berlin-Oberhavel GmbH mit Jürgen Nottmeyer als Geschäftsführer gegründet, während die übrige Leibniz-Gruppe die Verantwortlichkeit für die neuen Quartiere des Entwicklungsgebietes unter sich aufteilte. Die gesamte Landschaftsplanung wurde in die Hände von Heike Langenbach gelegt.

Im Januar 1994 konnten der Masterplan und die Planungen für neun Stadtquartiere vorläufig abgeschlossen werden. Darin wurden folgende Leitlinien für die Gestaltung des öffentlichen Raums, das Bauen am Wasser und die Bebauungsstruktur definiert: Uferzonen sollen überall zugänglich sein, auch Straßen und Plätze öffnen sich zum Wasser; Urbanität soll durch Blockrandbebauung mit fünf bis sieben Geschossen erreicht werden; anvisiert ist eine Funktionsmischung durch die direkte Nachbarschaft von Wohn- und Gewerbeflächen. Ebensowenig fehlten grundlegende Konzepte zu den Bereichen Verkehr, Energie, Freiraum und Sportanlagen, die dazu führten, daß vom Beerenstrauch bis zum Fußballplatz alles kartographisch erfaßt und als Fortbestand, Um- oder Ausbau in die Planungen einbezogen wurde. Inzwischen haben die Bauarbeiten für zwei der neun Stadtquartiere begonnen: für die »Pulvermühle« und »Siemens« auf der Maselake-Halbinsel.

Das Quartier Pulvermühle befindet sich auf dem östlichen Havelufer, dort wo im 19. Jahrhundert die königlichen Militärfabriken Pulver und anderes Kriegsgerät produzierten und während des Ersten Weltkriegs zu Spandaus größtem Arbeitgeber wurden. Nach 1945 entstand hier zunächst eine Kleinhaussiedlung; später nutzten Camper und Wassersportler, aber auch zwei große Industrieunternehmen das Gelände. In diesem rund 37 Hektar großen Quartier Pulvermühle werden die Architekten Gernot und Johanne Nalbach – Gewinner des entsprechenden Wettbewerbs – unter anderem 1045 Wohnungen bauen. Den zweiten Preis erhielt Bernd Albers, der ebenfalls Gebäude im Quartier Pulvermühle realisieren wird.

Offene oder L-förmige Blöcke mit Bäumen und Grünstreifen, eine lockere Anordnung von 20 Würfelhäusern, ein dreiflügliges Dienstleistungsgebäude an der Kleinen Eiswerder Brücke und ein kleiner Hafen kennzeichnen den Entwurf der Nalbachs. Ergänzt wird er durch drei Kitas, eine Grundschule, einen Sportplatz und Einzelhandelsflächen. Gewerbe wol-

len die Architekten im südlichen Teil des Quartiers in einer kammförmigen Bebauung unterbringen. Den Vorgaben entsprechend ist die gesamte Bebauung so angelegt, daß sich zahlreiche Zugänge und Sichtverbindungen zum Wasser ergeben.

Daß die Bauherrin GSW neben den Gewinnern des zweiten und dritten Preises noch zwölf weitere Berliner Architekturbüros in die Realisierung einbezogen hat, läßt auf eine Vielfalt gestalterischer Handschriften in diesem Quartier hoffen.

Im westlichen Uferbereich der Oberhavel auf der Halbinsel Maselake liegt das Quartier Siemens in einer landschaftlich besonders reizvollen Lage. Auf dem zwölf Hektar großen Gelände sollen 1.600 Wohneinheiten und 45.000 m² Büro-, Einzelhandels- und Dienstleistungsflächen entstehen. Das Grundstück gehört seit Jahrzehnten der Firma Siemens, die es in der Vergangenheit hauptsächlich zur Produktion von Elektrokabeln genutzt hat – aus den Anfangsjahren ist dort noch die unter Denkmalschutz stehende Fertigungshalle erhalten geblieben, die der Architekt Hans Poelzig 1928/29 erbaute. Da in den letzten Jahren die Produktion schrittweise zurückgefahren wurde, gibt es an dieser Stelle nun freies Gelände, das in die Wasserstadt integriert werden kann.

Bauherrin Siemens, die TET und das Bezirksamt Spandau führten Ende 1994 ein Gutachterverfahren durch, in dem der städtebauliche Entwurf des niederländischen Architekten Kees Christiaanse mit Astoc Planners & Architects überzeugte. Es handelt sich um ein Team, das sowohl im Bauen am Wasser als auch bei zukunftsweisenden Wohnbauprojekten sehr erfahren ist. Das Charakteristische dieses Entwurfs besteht darin, daß sich die Straßenzüge zum Wasser hin »konisch«, d. h. kegelförmig, öffnen und die Baublöcke zwischen fünf und sieben Geschossen terrassenförmig angelegt sind. Im Zentrum des Quartiers ist ein kleiner Stadtplatz vorgesehen.

Das Projekt der Rotterdamer Planungsgruppe zeichnet sich dadurch aus, daß es die in der Ausschreibung enthaltenen Vorgaben optimal umzusetzen weiß. Diese resultieren aus einem Gutachten der TET, die zuvor die Besonderheiten dieses Gebietes herausgearbeitet hat. So galt es, den Inselcharakter zu betonen, die Uferzonen im Sinne des Gesamtleitbildes als wichtigsten öffentlichen Raum zu gestalten und die vorhandene Bebauungsstruktur so zu ergänzen, daß sich möglichst viele Blickbeziehungen zum Wasser ergeben. Nicht zuletzt mußten sich die Wettbewerbsteilnehmer mit dem Erhalt der Poelzig-Halle auseinandersetzen. Die besondere Leistung der Astoc Planners & Architects besteht darin, daß sie die Gegebenheiten aufnehmen und in verstärkter Form in ihrer Planung umsetzen. »Die eckige, zickzackförmige Begleitung der Uferlinie wird extremer gestaltet und an der Nordostecke der Halbinsel von zwei konischen Blöcken weitergeführt. Der kammartige Baukörper an der Westseite wird aufgeteilt in zwei U-förmige Blöcke, die an der Straßenseite die Struktur übernehmen, sich aber zum Kanal öffnen.

Die großen, von Osten nach Westen verlaufenden Blöcke erhalten ein stufenweise ansteigendes Profil von fünf auf sieben Stockwerke. Hierdurch werden einige auf den ersten Blick lose Elemente konzeptionell miteinander verknüpft: Der konische Straßenraum wird auch in der dritten Dimension akzentuiert, während das durchschnittliche Profil erhalten bleibt. Das Breite-Höhe-Verhältnis in den Innenhöfen bleibt 2 : 1, da die Blöcke an der niedrigen Seite schmal und an der hohen weiter sind. Durch die variierende Breite der Blöcke besteht die Wasserfront an der Ostseite abwechselnd aus höheren und niedrigeren Teilen, die die zickzackförmigen Eckverdrehungen akzentuieren. Es entstehen interessante Sichtlinien vom Wasser zur Dachlandschaft und umgekehrt.

Aus größerer Entfernung erzeugen die gegeneinander ansteigenden Stadtblöcke den einzigartigen Charakter der Halbinsel, ohne den Zusammenhang der Wasserstadt zu verlassen.« (Erläuterungstext der Architekten)

Der denkmalgeschützten Produktionshalle von Poelzig wollen die Architekten eine neue Bestimmung geben. Die niedrigen Hallen möchten sie umbauen zu einer überdachten Markthalle, in der auch Sport-, Kultur- und Tanzveranstaltungen stattfinden können. Um die Halle herum planen sie einen Ring von Büros, Läden, Praxisräumen und Werkstätten. Über diese Vorschläge wurde jedoch noch nicht abschließend entschieden.

Zur Verbindung der künftigen Quartiere an beiden Seiten der Oberhavel und zur Anbindung an den regionalen Straßenverkehr erhält die Wasserstadt zwei neue Brücken. Während die Uferdistanz der Nordbrücke 200 Meter beträgt, ist die Südbrücke mit 270 Metern die längste Stadtbrücke Berlins. Für beide Brücken wurden zeitversetzt Wettbewerbe ausgeschrieben; so fiel das Ergebnis für die Nordbrücke mit dem Baubeginn der Südbrücke (Oktober 1995) zusammen.

Die Südbrücke, konzipiert als ›ruhige‹ Stadtbrücke, entsteht in Zusammenarbeit des Architekten Walter Arno Noebel mit dem Ingenieur Martin Krone. Die 22 Meter breite Brücke teilt sich in Fahrspuren, Fußgänger- und Radwege. Dieser Fahrbahnüberbau ruht auf 15 steinernen Mauerwerkspfeilern von 13 Metern Höhe, die zugleich Aussichtsplattformen in sich aufnehmen, von denen Spaziergänger die Möglichkeit haben, die gesamte Wasserstadt zu überblicken. Dies ist sicher auch bei Dunkelheit ein reizvoller Ausblick, wenn sich das Lichtermeer der neuen Stadt im Wasser spiegelt, zumal die Brücke selbst durch Beleuchtungskronen auf den Brückenpfeilern ein angenehmes

Fassaden im Quartier Siemens von Kees Christiaanse mit Astoc Planners & Architects.

Licht verbreitet. Das Ergebnis erfüllt also die Vorgabe des Rahmenkonzepts, das die Brücke als öffentlichen Raum mit »hoher Verweil- und Aufenthaltsqualität« realisiert sehen wollte.

Nach Plänen des Ingenieurbüros Fink und der Architekten Dörr, Ludolf & Wimmer beginnt voraussichtlich 1997 der Bau der Nordbrücke. Diese Brücke schließt die Wasserstadt an den überregionalen Verkehr an. Sie ist mit 33 Metern breiter als die Südbrücke, da sie neben vier Fahrbahnen, Fußgänger- und Radwegen in ihrer Mitte auch einen Straßenbahnstrang haben wird. Im Gegensatz zur Südbrücke weist die stählerne Nordbrücke an der Oberseite wenig Gestaltungselemente auf. Ihrem Auftrag gemäß liegt der Schwerpunkt hier auf einem überzeugenden Konstruktionsprinzip im tragenden Bereich, dessen pyramidenförmige Pfeiler jedoch in der Beurteilung des Preisgerichts als »äußerst elegant« bezeichnet wurden.

Quartier Pulvermühle.
Entwurf: Nalbach + Nalbach.

Lage Berlin-Spandau, Ortsteil Haselhorst |
Bauherr GSW Gemeinnützige Siedlungs-
und Wohnungsbaugesellschaft Berlin mbH,
Berlin | **Architekten** Nalbach + Nalbach,
Berlin, Bernd Albers, Berlin, u. a. | **Bauzeit**
1994 – 1997 | **Quartiergröße** Brutto-
fläche 37 ha, Nettobauland 13 ha

Modellphotos oben u. unten (Mitte links):
Antonia Weiße

Perspektiven verschiedener Bauteile von
Bernd Albers (links) und Nalbach +
Nalbach.

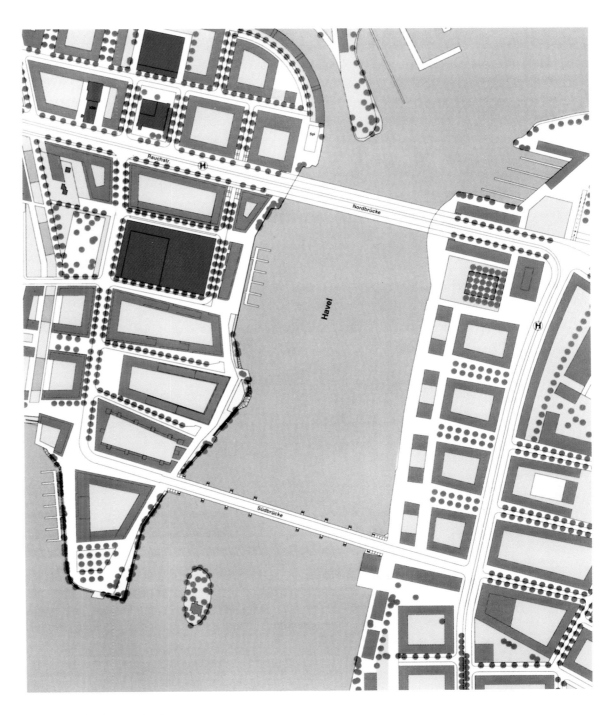

Lageplan: rechts das Quartier Siemens auf der Maselake-Halbinsel mit den beiden geplanten Brücken als Verbindung zum Ortsteil Haselhorst.

Lage Maselake-Halbinsel, Berlin-Spandau | **Bauherr** Siemensstadt Beteiligungsgesellschaft Berlin mbH & Co. oHG, Berlin | **Architekten** Kees Christiaanse, Rotterdam, mit Astoc Planners & Architects, Köln | **Bauzeit** 1995–2000 | **Grundstücksgröße** 12 ha

Bauteil Kees Christiaanse, Perspektive.

Nordbrücke Oberhavel.

Lage Verbindung der Stadtteile Hakenfelde und Haselhorst | **Bauherr** Land Berlin, Senatsverwaltung für Bau- und Wohnungswesen, Abt. H XI B | **Architekten** Ingenieurbüro Herbert Fink, Berlin, mit Dörr, Ludolf, Wimmer, Berlin | **Mitarbeiter** M. Kühfuss, R. Laudahn (Fink); R. Savage, J. Feely (Dörr, Ludolf, Wimmer) | **Bauzeit** unbestimmt | **Maße** Länge 200 m, Breite 33 m

Südbrücke Oberhavel.

Lage Verbindung der Stadtteile Maselake und Haselhorst | **Bauherr** Land Berlin, Senatsverwaltung für Bau- und Wohnungswesen, Abt. H XI B | **Architekt** Walter Arno Nöbel, Berlin | **Mitarbeiter** F. Spanedda, W. Belz, B. Pfefferkorn, Ingenieur Martin Krone (Leonhardt, Andrä & Partner), Berlin | **Bauzeit** 1995 – 1997 | **Maße** Länge 264 m, Breite 18 m

Brückenpfeiler mit Aussichtsplattform und Beleuchtungskörpern.

Ausschnitt aus dem Gesamtplan.
Planungsstand Dezember 1995.

Ein neuer Stadtteil an der Landsberger Allee

Lage Landsberger Allee/Rhinstraße, Berlin-Lichtenberg | **Bauherren** diverse Investoren | **Architekt** Daniel Libeskind, Berlin | **Mitarbeiter** R. Slinger (Projektleiter), D. Caldwell, R. Claiborne, E. Govan, P. Kutek, Sang Lee, D. Leyk, P. Palombo, D. Walker | **Bauzeit** 1997–ca. 2015 | **Nutzung** 1000 Wohnungen, Läden 60.000 m², Büros 400.000 m², Gewerbe 70.000 m²

Wie in Spandau und Biesdorf soll auch im ›Dreiländereck‹ der Bezirke Lichtenberg, Marzahn und Hohenschönhausen, an der Kreuzung von Landsberger Allee und Rhinstraße, auf 65 Hektar ein neuer Stadtteil entstehen. Um diesem bis dato recht tristen Areal ganz neue Qualitäten abzugewinnen, wurde 1994 ein städtebaulicher Ideenwettbewerb durchgeführt, aus dem der Architekt Daniel Libeskind eindeutig als Sieger hervorging.

Abgesehen von einigen Bau- und Verbrauchermärkten und wenigen Apartmenthochhäusern – einstigen Arbeiterwohnheimen –, die bei den Planungen berücksichtigt werden sollten, hatten die Wettbewerbsteilnehmer ›freies Feld‹ für ihre Visionen von einem Stadtteil der Zukunft.

Nach den Plänen von Daniel Libeskind sollen dort unter Einbeziehung aller vorhandenen Gebäude Neubauten errichtet werden mit Wohnungen, Büros, Läden, Gastronomie, Kitas und öffentlichen Einrichtungen. Außerdem ist die Ansiedlung von Gewerbe und Industrie vorgesehen. Ein erster Blick auf das Modell des neuen Stadtteils erweckt den Eindruck des Chaotischen. Scheinen die Gebäudeblöcke nicht willkürlich angeordnet, Hoch- und Flachbauten durcheinander geraten zu sein? Läßt man sich aber auf das ungewohnte Bild ein und akzeptiert, daß hier

offenbar außerhalb traditioneller Interpretationen von Stadt entworfen wurde, erlebt man Chaos in seiner ursprünglichen, durchaus positiven Bedeutung und entdeckt darüber eine völlig neue städtebauliche Qualität. Der beschriebene Eindruck der Unordnung entsteht, weil im Modell keine Hierarchie vorgegeben ist, die neuen Organisationsformen vielmehr erst in der Abkehr von hierarchischen Strukturen möglich werden. Es gibt keinen zentralen Bereich, um den sich nach Funktionen getrennte Gebäude gruppieren, keine »ersten Adressen« und auch keine vernachlässigten Ränder. In der Zielsetzung der Architekten sollen alle Bereiche gleichberechtigt existieren und gestaltet werden, was insbesondere ein Wechselspiel von dichter und lockerer Bebauung, privatem und öffentlichem Raum gewährleisten soll. Selbst die Landsberger Allee und die Rhinstraße müssen ihre Bedeutung im Zusammenwirken mit den hinteren Bereichen entwickeln, deren Identität zunächst gestärkt wird. Insgesamt sind sämtliche Bebauungen so konzipiert, daß sie sich in ihren Wirkungen gegenseitig ausgleichen.

Das Team um Daniel Libeskind teilt das Baugrundstück in eine Serie flexibler und ineinandergreifender Zonen oder ›Getriebe‹ auf. Diese sind sowohl als formale als auch funktionale Ideale zu verstehen und setzen sich wiederum aus einzelnen Komponenten zusammen. In der Entwurfsterminologie haben sie Namen wie »Markt Matrix« oder »Industrieller Hebel« – Begriffe, die der Erläuterung bedürfen:

Die »Markt Matrix« ist eine Kombination von Hoch- und Flachbauten, die von Produktionsflächen bis zum Einzelhandel unterschiedliche Nutzungen aufnehmen kann. Sie ergänzt und erweitert den oben genannten Baumarktbereich.

»Broken Blocks« entstehen – wie schon ihr Name sagt – durch das Aufbrechen der traditionellen Blockbebauung in Teilelemente, wodurch einzelne Gebäude flexibel kombiniert und so vielfältig genutzt werden können. An der stark befahrenen Landsberger Allee erzeugt die rhythmische Anordnung der »Broken Blocks« eine Pufferzone, die den inneren Bereich vor den Abgasen des Autoverkehrs schützt.

Das »Gestell«, ein ›dichter‹ Gebäudetypus mit unterschiedlichsten Nutzungen, wird um ein Regenwasser-Sammelbecken angelegt. Es ist darauf zugeschnitten, ein breites Spektrum von Funktionen wie Freizeiteinrichtungen, Büros, kleinflächigen Einzelhandel und Wohnungen aufzunehmen. Die begrünte Dachlandschaft des »Gestells« verleiht dem in den Obergeschossen gelegenen Wohnbereich außergewöhnliche Attraktivität. Hinzu kommt die Aufenthaltsqualität, die der etwa 150 Meter breite Teich bietet, in dem sich das Regenwasser aus allen ihn umgebenden Dachrinnen sammelt. Er ist Teil des unter ökologischen Gesichtspunkten entwickelten Wasserreinigungssystems, das für das gesamte Gebiet eingerichtet wird. Darüber hinaus sorgt das Becken für eine gute Klimatisierung der Umgebung.

Der »Grüne Torweg« an der Kreuzung Landsberger Allee / Rhinstraße ist die radikale Alternative zu traditionellen Lösungen des Stadtein- bzw. -ausgangs. Die Kreuzung wird nicht als Schwelle zur Stadt verstanden, sondern als grüne Lunge, die öffentliches Grün direkt, in Form eines dichten Baumparks mit aufgelockerter Bebauung, an eine der belebtesten Straßenkreuzungen Berlins heranführt.

Die »Skala« steht für die Vervollständigung einer vorhandenen Stadtkomponente durch gleichartige Ergänzung. So werden beispielsweise zwei bestehenden Hausblöcken ebenfalls konzentrierte Bebauungsformen, wie Riegel und Turm, hinzugefügt.

Das Konzept Rhinstraße – Chamberworks – Plattenbauten soll die der Plattenbebauung zur Rhinstraße vorgelagerten weitläufigen, aber öden Zonen mit Hilfe filigraner Gebäude und einer Landschaftskonzeption beleben, damit diese künftig nicht mehr nur als Stellfläche dienen.

Der »Industrielle Hebel« ist das stadträumliche Konzept für ein Gewerbegebiet, auf dem vom Kleinbetrieb bis zur großflächigen Industriehalle vielfältige Nutzungen möglich sind.

Der Produktionskeil in seiner Linienstruktur hat Promenadencharakter. Er dient als Erschließung wie als Versorgungstrasse und formt gleichzeitig den Rahmen seines zentralen Bereichs.

Der städtebauliche Entwurf für die Landsberger Allee versucht, eine Antwort herauszuarbeiten auf

die neuen städtischen Bedürfnisse und Herausforderungen wie stärkere Nutzungsmischung, Umweltverträglichkeit, Verminderung von Lärmbelästigung, die Schaffung von Freizeit- und Erholungsmöglichkeiten in unmittelbarer Nähe der Wohngebiete. Dank planerischer Vorstellungskraft könnten diese Aspekte in eine neue räumliche und funktionale Wirklichkeit übertragen werden.

Vom Gelingen dieser in starkem Maße zukunftsgerichteten Planung wird man sich jedoch erst in etwa 20 Jahren überzeugen können, denn so lange wird es dauern, bis der neue Stadtteil entstanden ist.

Blick von Nordosten über die »Skala« und das »Gestell«.

Blick von Nordwesten mit den »Broken Blocks« im Vordergrund.

Stadthaus.

Blick vom Bahnsteig auf den Marktplatz.

Biesdorf-Süd

Am östlichen Rand Berlins liegt im Süden von Marzahn der Stadtteil Biesdorf. Zur historischen Entwicklung dieses Ortes läßt sich nicht viel sagen: Bis
zur Eingemeindung 1920 war Biesdorf ein Dorf wie
viele andere, geprägt durch ein Rittergut. Erste ein-
schneidende Veränderungen erfuhr der Ort 1867 mit
dem Ausbau der Bahnlinie von Berlin nach Küstrin
und dem Bau des Bahnhofes, dem ein Jahr danach
der Bau eines Schlosses folgte, das der Erfinder und
Unternehmensgründer Ernst Werner von Siemens
1887 erwarb. Später übernahm dessen Sohn Georg
Wilhelm den Besitz. Aus dieser Zeit erzählt man sich,
daß im Schloß Experimente mit drahtloser Telegra-
phie stattfanden, während die gerade Allee des
Schloßparks für Probefahrten einer elektrischen Ei-
senbahn genutzt wurde. 1927 verkaufte die Familie
den Besitz jedoch an das Land Berlin.

Die Umnutzung agrarwirtschaftlicher Flächen im
20. Jahrhundert ging einher mit der verbesserten ver-
kehrsmäßigen Erschließung durch S-, U- und Fernbahn sowie neue und breitere Straßen, was in den
siebziger Jahren zur Aufgabe der letzten noch erhaltenen Dorfstrukturen führte. In den benachbarten
Ortsteilen Marzahn und Hellersdorf wurden große
Neubaugebiete errichtet, was auch in Biesdorf-Süd
vor allem den Ausbau der technischen Infrastruktur
nach sich zog. Bei einer solch einseitig betriebenen
Stadterweiterung verwundert es nicht, daß Biesdorf
heute erhebliche Strukturschwächen aufweist:
Große Brachen wechseln mit übermäßig genutzten
Gewerbeflächen; es gibt nur wenige Geschäfte oder
Dienstleistungsunternehmen und kaum öffentliche
Einrichtungen, so daß der Gesamteindruck des Ortes
als zerrissen, ja trostlos bezeichnet werden kann.
Dies ist um so bedauerlicher, als man bei genauerem
Hinsehen auf bemerkenswerte bauliche und natürli-
che Ressourcen stößt: Außer dem bereits erwähnten

Schloß gibt es eine Kirche aus dem 13. Jahrhundert,
den Biesdorfer See, den Schloßpark, die Biesdorfer
Höhe und das Wuhletal.

Nach eingehenden Voruntersuchungen erklärte
der Berliner Senat Biesdorf im Dezember 1993 zum
Entwicklungsgebiet. In einem Zeitraum von zwölf bis
fünfzehn Jahren sollen auf einer 142 Hektar großen
Fläche etwa 5.200 Wohnungen und 400.000 m²
Gewerbe- und Dienstleistungsflächen entstehen.
Die soziale Infrastruktur Biesdorfs soll mit zwölf
Kitas, zwei Grundschulen, Freizeit- und Pflegeein-
richtungen für Jugendliche, Senioren und Behin-
derte wesentlich verbessert werden.

Zur Umsetzung dieser Zielvorstellung wurde das
Gesamtareal in drei Planungsgebiete aufgeteilt; in
den Bereich der ehemaligen Erich-Weinert-Kaserne,
das Teilgebiet »Grüne Aue« und das mit 100 Hektar
weitaus größere »Mittelzentrum Biesdorf-Süd«, das
im folgenden Thema unserer Betrachtungen sein soll.

Im Juli 1994 wurde ein internationaler städtebaulicher Realisierungswettbewerb ausgeschrieben. Mit
dem ersten Preis wurde der in Zusammenarbeit mit
dem Zürcher Landschaftsplaner Dieter Kienast erar-
beitete Entwurf des Berliner Architekten Bernd
Albers ausgezeichnet. Ein städtebaulicher Rahmenplan liegt seit April 1995 vor und wird seither unter
Berücksichtigung unterschiedlichster Aspekte überarbeitet. Um den derzeitigen Planungsstand zu
erläutern und dabei auch die Vorgehensweise zu
erklären, greifen wir auf die Ausführungen Bernd
Albers' zurück.

»Mit dem Konzept für das Stadtgebiet Biesdorf-
Süd verfolgen wir die Absicht, eine städtische Vorstellung weiterzuentwickeln, die sich an großstädtischen
Stadttypologien orientiert, die wir aus dem Reper-
toire Berliner Stadterweiterungen kennen. Diese Idee
wird in ein Gebiet übertragen, das bislang von zufäl-

Marktplatz.

Stadtplatz.

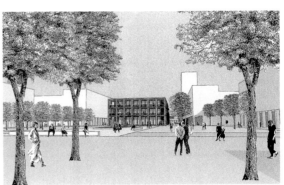

ligen Nutzungen und Bebauungen geprägt war. Nach heutigem Planungsstand sollen insgesamt etwa 4.500 Wohnungen, 70.000 Quadratmeter Gewerbe- und 200.000 Quadratmeter Büroflächen über einen Zeitraum von 10 bis 15 Jahren entstehen. Mit den ersten Bauten wird 1996 begonnen.

Der aktuelle Stadtplan stellt einen Arbeitsstand dar, der sich in den eineinhalb Jahren seit dem Wettbewerb entwickelt hat und der auf diesem Wege mit verschiedenen ökologischen, verkehrstechnischen, wohnungstypologischen oder ökonomischen Kriterien konfrontiert wurde und weiterhin konfrontiert wird. Tragender Gedanke des städtebaulichen Konzeptes ist das Zusammenspiel von Stadt und Gärten sowie die räumliche Anbindung von Wuhletal und dem Biesdorfer See durch eine grüne Achse mit den wichtigen öffentlichen Räumen, dem Stadtpark im Osten sowie dem Marktplatz, Stadtplatz und Stadtgarten westlich der U-Bahntrasse. Der bestehende U-Bahnhof Elsterwerdaer Platz liegt im Zentrum der neuen Stadtfigur. Dadurch wird diese über die U-Bahnlinie 5 ebenso wie durch die wichtigen Straßenachsen B 1/5 und Köpenicker Straße in idealer

Weise mit dem Zentrum Berlins und den benachbarten Stadtteilen verbunden; ein Busbahnhof ergänzt das öffentliche Verkehrsangebot.

In einer ersten Bauphase soll in den kommenden Jahren das Zentrum der Stadt um den neuen Marktplatz entstehen. Hier ist nördlich des Platzes ein großes Fachmarkt- und Einzelhandelszentrum geplant. In Kombination mit Wohnungen und Büros in den Obergeschossen sowie einem Stadthaus für kommunale Einrichtungen und dem circa 60 Meter hohen Büroturm und Freizeiteinrichtungen wird eine signifikante Mitte des neuen Stadtquartiers gebildet. Die Funktionsmischung wird an diesem Platz sehr schnell zu einem lebhaften städtischen Ambiente führen, das für die Menschen vor Ort, aber auch für die Besucher und Kunden aus den umliegenden Stadtgebieten anlockend sein wird.

Westlich des Stadthauses schließt sich der Stadtplatz an. Von dort geht es weiter durch den Stadtgarten und eine Allee zum Biesdorfer See, der einen hohen Erholungswert für die Bewohner der Stadt darstellt. Eine Grundschule, südlich des Stadtgartens gelegen, sowie Kindertagesstätten und das Jugend-

Stadtpark.

Spielstraße.

freizeitheim in Bahnhofsnähe ergänzen die Wohn-
und Bürobauten und versorgen den Stadtteil mit
sozialen Einrichtungen. Östlich der U-Bahnlinie entstehen städtische Gebiete, die stärker vom Wohnen
geprägt sein werden. Im Gebiet Habichtshorst, das
südlich der neuen Querstraße beiderseits des großen
Stadtparks entstehen wird, sind Wohnungen für etwa
5.000 Einwohner geplant. Es wird hier ein vielfältiges
Wohnungsangebot, von der sozialen Mietwohnung
bis zur Eigentumsstadtvilla, entstehen, ergänzt durch
soziale Einrichtungen mit Sport- und Spielmöglich-
keiten. Neben dem zentralen Stadtpark wird dieses
Gebiet von öffentlichen Grünbereichen geprägt sein,
die in den Wohnstraßen die Wohnqualität steigern
und in den Nord-Süd-Straßen als grüne Garten-
achsen die Kindertagesstätten und die Sport- und
Spielflächen aufnehmen. Der Park geht nach Süden
in den Landschaftspark entlang der Wuhle über.

So wird ein neuer Stadtteil im Osten Berlins entstehen, der einen unverwechselbaren Charakter be-
sitzt und von einer Vielzahl räumlicher Ideen geprägt
sein wird.

Übersichtsplan des Entwicklungsgebietes
Biesdorf-Süd.

Bauherr Land Berlin | **Projektentwicklung**
Deutsche Bau- und Grundstücksaktiengesell-
schaft BauGrund | **Architekt** Bernd Albers,
Berlin, mit Dieter Kienast, Zürich (Garten- und
Freiraumkonzept) | **Mitarbeiter** S. Stucky,
P. Wollenberg (Wohnquartier Habichtshorst) |
Bauzeit 1995 – 2007 | **Grundstücksgröße**
142 ha | **Nutzung** Büros 200.000 m²,
Gewerbe 70.000 m², Wchnungen 4.500 m²

Neue Sportstätten

Nicht nur für Sportbegeisterte ist ein Ausflug zu den neuen Sportstätten in Prenzlauer Berg ein lohnendes Ziel. Am westlichen Rand des Bezirks entsteht im Friedrich-Ludwig-Jahn-Sportpark eine nach der Boxlegende Max Schmeling benannte Mehrzweckhalle; wenige Kilometer südöstlich, auf dem Gelände der Werner-Seelenbinder-Halle, ein Schwimm- und Radsportstadion. In die bestehende Stadtstruktur hineingebaute Monstrositäten allerdings, wie man sie bei Sportstadien und Mehrzweckhallen erwartet, noch dazu wenn sie ursprünglich als Olympia-Sportstätten geplant waren, sucht man hier vergebens. Selbst die überfüllten Autoparkplätze fehlen, denn es ist weitaus bequemer, über den U-Bahnhof Eberswalder Straße, den U- und S-Bahnhof Schönhauser Allee oder mit der Straßenbahn anzukommen. Von der Radsport- und Schwimmhalle gibt es sogar einen direkten Zugang zum S-Bahnhof Landsberger Allee.

Das Besondere dieses Sportparks liegt darin, daß sich fast alles unterirdisch abspielt. Während die Architekten Joppien·Dietz 70% des Bauvolumens ihrer Max-Schmeling-Halle unter begehbare grüne Hügel verlegen, befindet sich die Rad- und Schwimmhalle von Dominique Perrault vollständig unter einem 10 Hektar großen aufgeschütteten Plateau. Dort gestaltet der Architekt einen biotopartigen Garten mit Zierapfelbäumen und einer Vegetation, die Vögel und Schmetterlinge anlockt – ein ungewöhn-

licher Ort, der die Besucher des Sportparks zum Verweilen einlädt.

Radsport- und Schwimmhalle

Dominique Perrault möchte diese beiden Hallen als ein Werk über die Beziehung von Natur und Stadt verstanden wissen, bei dem die Architektur, unter der man im allgemeinen den sichtbaren Aufbau eines baukünstlerischen Gebildes versteht, abwesend ist. Die beiden großen, Amphitheatern ähnelnden Baukörper sind daher gleichsam in den Obstgarten eingegraben und unterirdisch miteinander verbunden. Von außen sieht man lediglich die gläsernen, mit Stahlnetzen bespannten Dächer einen Meter hoch aus der Erde herausragen. Tagsüber wirken sie wie große spiegelnde Wasserscheiben – die eine rund, die andere rechteckig. Nachts erscheinen sie als geradezu magische Flächen, die verschiedenartiges Licht verströmen. Diese Lichtprismen sind von großer gestalterischer Wirkung, die der Architekt jedoch mit einfachen Mitteln erreicht, denn es handelt sich bei der Dachkonstruktion um einen Doppelträgerrost aus konventionellem Stahlfachwerk. Die Effekte entstehen dadurch, daß unterschiedliche Stahlflechtmuster wie ein Patchwork zusammengesetzt werden. Die geschickte Unterbringung der Haustechnik schmälert die ästhetischen Qualitäten dieser Konstruktion in keiner Weise.

Montage des Modells der Radsport-
(rechts) und der Schwimmhalle (links)
sowie der Randbebauung in realer
Umgebung.

Lage Landsberger Allee, Berlin-Prenzlauer
Berg | **Bauherr** OSB Sportstättenbauten
GmbH, Berlin | **Architekten** Dominique Per-
rault, Paris, mit APP Berlin Rolf Reichert & Hans
Jürgen Schmidt Schicketanz, Ove Arup & Partners, Landschaft Planen und Bauen, Kerch-
kamp G.U.S./Schümann, Erik Jacobsen | **Bau-
zeit** 1993 – 1996 (Radsporthalle), – 1997
(Schwimmhalle)

Computersimulationen S. 115/116 oben:
Perrault Projets

Geplante Schwimmhalle; im Hintergrund der Sprungbereich.

Künftige Radsport-
halle.

Max-Schmeling-Halle

In Zusammenarbeit der Berliner Architekten Joppien • Dietz und Weidleplan ist eine Mehrzweckhalle
entstanden, die den zahlreichen Anforderungen einer
Sport- und Begegnungsstätte genügen und zugleich
eine Verbindung zwischen den dicht besiedelten Be-
zirken Wedding und Prenzlauer Berg schaffen sollte.

Das Gebäude als integraler Bestandteil der oben
beschriebenen Parklandschaft gliedert sich in ein
Mittelschiff, in dem sich die Hauptwettkampfarena
(30 x 50 Meter) befindet, und drei Dreifach-Sport-
hallen (je 27 x 45 Meter), die die nach außen flacher
werdenden Seitenschiffe aufnehmen. Mit 7.600 festen
Sitzplätzen ist die Halle auf insgesamt etwa 10.000
Zuschauer eingerichtet. Trotz der gewaltigen Stahl-
konstruktionen und des immensen Technologieauf-
wandes wirkt das Gebäude mit seinem transparenten
Eingangsbereich wohlproportioniert und einladend.
Die Zugänglichkeit des gesamten Gebäudes wird
durch schwellenlose Geschoßebenen und behinder-
tengerechte Aufzüge gewährleistet, wie auch sämtliche Einrichtungen für den Behindertensport genutzt
werden können.

In der Max-Schmeling-Halle wird nicht nur das
Landesleistungszentrum Boxen untergebracht, sondern auch vielfältigen anderen Funktionen Raum
gegeben: einem Tischtenniszentrum, dem Landesleistungszentrum Tanzen (940 m²) und flexibel nutz-
baren Nebenflächen (200 m²). Erwähnt seien noch
die 400 für Aktivitäten von Jugendlichen reservier-
ten Quadratmeter und das Restaurant/Café (mit 200
Sitzplätzen), die mit Freizeit und Geselligkeit einen
Ausgleich zum Leistungssport bieten.

Man betritt das Gebäude von den umgebenden
Straßen über großzügige, den Raum gliedernde
Treppen- und Rampenanlagen; im Gebäude selber
sind ebenfalls alle Bereiche stufenlos erreichbar. Im
Innern der Hallen verbindet sich Funktionalität mit
einer ansprechenden architektonischen Linie, und
obwohl der technische Aufwand auf das Wesentliche
beschränkt ist, bieten sich den Wasser- und Radsport-
lern optimale Bedingungen und den Zuschauern ein
sehr angenehmes Umfeld. Dominique Perrault bezeichnet diese Arbeit als ein »poetisches und sensi-
bles Werk«, bei dem im Vordergrund stand, dem
Sport Eleganz zu verleihen und zugleich eine Möglichkeit aufzuzeigen, wie dem Sport dienende Groß-
bauten in ein Stadtquartier integriert werden können.

Max-Schmeling-Halle im Friedrich-
Ludwig-Jahn-Sportpark; Innenansicht.

Max-Schmeling-Halle im Bezirk Prenzlauer Berg; im Hintergrund das Friedrich-
Ludwig-Jahn-Stadion.

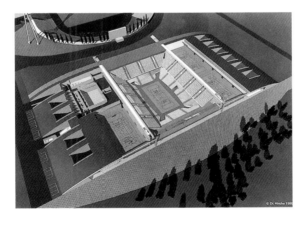

Sicht auf die Max-Schmeling-Halle.
Computersimulationen S. 116 unten/117:
OSB/Hirche

Lage Friedrich-Ludwig-Jahn-Sportpark, Berlin-
Prenzlauer Berg | **Bauherr** OSB Sportstätten-
bauten GmbH, Berlin | **Architekten** Joppien •
Dietz Architekten, Berlin, mit Weidleplan Con-
sulting GmbH, Berlin | **Mitarbeiter** A. Benze,
B. Bohnen, S. Dallmeyer, R. Duda, D. Frosch,
G. Geiss, E. Griech, R. Huber, U. Neumann,
M. Odermatt, K. Samara, E. Schäfer, D. Stürmer,
T. Wolfrum | **Bauzeit** 1993 – 1996 | **Nut-
zung** Vereins-, Schul- und Breitensport
30.000 m²

Stippvisiten

Das 1925/26 nach Plänen des Architekten Eugen Schmohl für die Ullstein AG errichtete Druckhaus gilt als bedeutendes Beispiel Berliner Industriearchitektur der zwanziger Jahre. 1986 wurde das Ullstein-Gebäude unter Denkmalschutz gestellt. Nach dem Vorbild moderner, und das hieß zu jener Zeit: amerikanischer Arbeitsorganisation wünschte der damalige Bauherr die Konzeption möglichst rationeller Arbeitsabläufe; zugleich sollte für die rund 1000 Mitarbeiter ein angenehmes Umfeld geschaffen werden, mit gut gelegenen und ansprechend gestalteten Garderoben- und Waschräumen. Darüber hinaus erwartete er eine repräsentative Gestaltung des Gebäudes, das als Fabrik aber eindeutig erkennbar bleiben sollte.

Bedauerlicherweise hat dieser erste Stahlbetonskelettbau nicht nur im Zweiten Weltkrieg Schaden genommen, sondern auch durch weit weniger anspruchsvolle Anbauten. 1986 erwarb die Berliner Firma Becker & Kries das gesamte Areal und stand vor der schwierigen Aufgabe, durch Instandsetzung und ein neues Vermietungskonzept wirtschaftliche Tragfähigkeit zu erlangen. Zugleich sollten Erweiterungsbauten errichtet werden, wie sie bereits Eugen Schmohl mit fünf Gewerbehöfen entlang der Ullsteinstraße geplant hatte. 1990 entschloß sich der neue Besitzer, Konzeptionen für eine Verdopplung der bisherigen Nutzfläche von 40.000 m² entwickeln zu lassen. Sehr schnell war mit dem Entwurf der Berliner Architekten Gernot und Johanne Nalbach eine überzeugende Lösung

Links: Blick in den Hofbereich.
Rechts: Eingangsbereich mit aluminium-polierten Reflexionsschilden.

gefunden, die in den Jahren 1991–94 realisiert wurde. Das Auffällige des Baudenkmals nutzend, haben sie die Erweiterungsbauten bewußt zurückhaltend ausgeführt. Die Besonderheit des Gewerbezentrums liegt in einem völlig neuartigen Nutzungskonzept, das auf Variabilität abzielt. Im Falle des Ullstein-Hauses bedeutet dies, daß anstelle des dort angesiedelten Modezentrums auch Wohnungen oder ein Hotel eingerichtet werden könnten. Solche Umnutzungsmöglichkeiten sind vor dem Hintergrund wachsenden Büroleerstands eine willkommene und sinnvolle Alternative für Bauherren und Planer.

Städtebaulich bemühen sich Nalbach + Nalbach um Transparenz innerhalb des großen Komplexes, indem sie von der Ullsteinstraße zum Hafen und in umgekehrter Richtung Blickschneisen anbieten. Der leicht gebogene Ullsteinhausflügel ist in drei Punkthäuser auf einem gemeinsamen, ebenfalls ausschwingenden Sockelgebäude aufgelöst. Hafenseitig schließt eine fünfgeschossige Gewerbehalle, die aus drei miteinander verknüpfbaren Einheiten besteht, den Komplex ab. Während die Vorhangfassa-

den auf der Ost-, West- und Nordseite aus rötlich eingefärbten Betonwerksteinelementen bestehen, haben die Architekten für die südliche Hauptfassade zur Ullsteinstraße an den Eingangsbereichen hohe, aluminiumpolierte Reflexionsschilde angebracht, die Zenithlicht spiegeln, so daß sich eine Straßen- und Wegbeleuchtung erübrigt.

Am Beispiel dieses Projekts wird der Umdenkungsprozeß deutlich, der zur Veränderung des Stadtbildes beitragen wird. In Abkehr von der Fixierung auf langlebige, funktionsgebundene Erscheinungsbilder rückt nun der stetige Wandel in den Vordergrund.

Blick auf das Gewerbezentrum am Ullstein-Haus von Süden.
Bildmitte rechts: Hafen Tempelhof.

Innenraum, Flur.

Lage Ullsteinstraße | Bauherr Becker & Kries, Berlin | Architekt Nalbach + Nalbach, Berlin | Mitarbeiter T. Stahl, L. Thünke mit W. Flegel, E. Scholz, H. Schröder, F. Herzog, M. Heidrich, S. Kledtke, G. Ballabriga, M. Paus | Bauzeit fertiggestellt | Nutzung Modecenter; mögliche Umnutzung als Wohnhaus, Hotel, Bürohaus

Photos S. 118/119: R. Görner

Im Stadtbezirk Berlin-Lichtenberg, nicht weit entfernt vom Alexanderplatz, wird in den nächsten Jahren ein »Unternehmensökotop« entstehen. Ziel der Konzeption ist es, ein lebendiges, anspruchsvolles und unterschiedlichen Funktionen dienendes Arbeitsumfeld zu schaffen. Dazu bietet die Lage des Areals beste Voraussetzungen. Neben einer ausgezeichneten Verkehrsanbindung finden sich hier einige repräsentative Häuser aus der Gründerzeit, die saniert und modernisiert werden, zahlreiche Freiflächen für Neubauten und ausgedehnte Grünanlagen. Bereits fertiggestellt ist das sechsgeschossige Bürocenter an der Bornitzstraße, das außer der auffälligen Architektur von Kahlen + Partner eine innovative Besonderheit aufweist: Die angebotenen Büroflächen sind nicht nur äußerst variabel, sondern stehen auch zum Verkauf; man kann dort ab 150 Quadratmetern Büroeigentum erwerben, was für viele Unternehmen größere Sicherheit bedeutet

Lage Rusche-, Bornitz-, Josef-Orlopp-Straße, 10365 Berlin-Lichtenberg | **Projektentwicklung** KHR Projektentwicklungsgesellschaft mbH & Co., Berlin | **Architekt** Kahlen + Partner, Berlin | **Bauzeit** 1994 – 2000, Bürocenter fertiggestellt | **Nutzung** Büros, Läden, Wohnungen, Freizeiteinrichtungen

Photos: P. Adamik

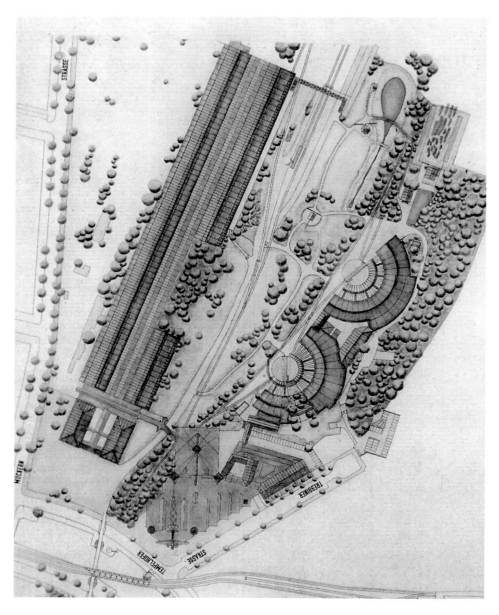

Als das zur Zeit bedeutendste Museums-bauprojekt in Deutschland gilt der Erwei-terungsbau des Berliner »Museums für Verkehr und Technik«. Dieser »energie-optimierte« Neubau wird das »technische Kulturforum« am Gleisdreieck um die Bereiche Luftfahrt und Schiffahrt ergän-zen. Auch städtebaulich trägt er dazu bei, Bestehendes weiter zu vervollständigen und mit Neuem zu verbinden; so werden bis zur Jahrtausendwende das neue Gebäude, sowie der Altbau an der Treb-biner Straße, der Lokschuppen und der Anhalter Güterbahnhof, ein geschlosse-nes Ensemble bilden.

Lageplan: im Vordergund der Landwehr-kanal und dahinter an der Trebbiner- und Luckenwalder Straße das Gebäudeen-semble des Museums für Verkehr und Technik.

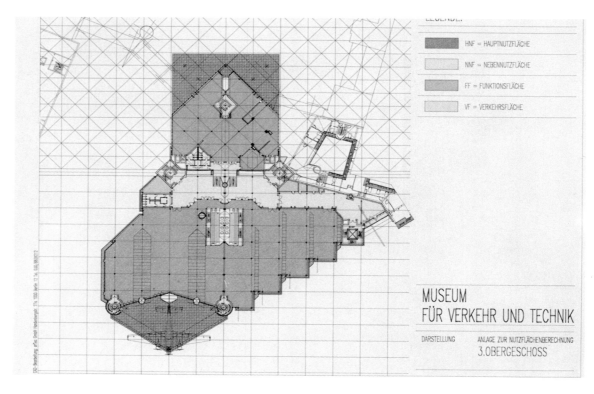

Grundriß: Altbestand und Neubau.

Das futuristisch-technisch anmutende Bauwerk entsteht nach den Entwürfen von Ulrich Wolff und Helge Pitz. Es gliedert sich in einen aus konservatorischen Gründen nach Norden gerichteten Ausstellungs- und einen Versorgungsbereich. Die Ausstellungsfläche erstreckt sich über vier Etagen, deren jeweilige Höhe von den vorgesehenen Exponaten bestimmt wird. Mit einer Backsteinfassade grenzt das neue Gebäude an den Altbau, während es nach Südwesten eine Glasfront mit vorgelagerten Südbalkonen zeigt.

Weithin sichtbarer Blickfang auf der 450 m² großen Terrasse im Obergeschoß wird ein »Rosinenbomber« des Typs DC 3 sein.

Lage Trebbiner Straße 9/Luckenwalder Straße, 10963 Berlin | **Bauherr** Land Berlin | **Architekten** Ulrich Wolff, Helge Pitz, Berlin | **Bauzeit** 1995–2000 | **Nutzung** Museum für Schiffahrt, Deutsche Luftfahrtsammlung (zus. 12.000 m² Ausstellungsfläche), Archiv, Bibliothek, Restaurant

Vorlagen S. 122/123: arTec

Lage Rosenthaler Straße, Hackescher Markt, An der Spandauer Brücke, Dircksenstraße, 10178 Berlin-Mitte | **Bauherren** GbR Hackescher Markt c/o Wohnungsbaugesellschaft Mitte mbH und MM Management Beteiligungsgesellschaft, Berlin | **Architekten** Götz Bellmann & Walter Böhm, Berlin (Masterplan und Einzelhausentwürfe); Martina Guddat, Annette Bellmann, Sabine Kattusch, Berlin; Marc Kocher, Zürich; Neuer + Jasinski, Berlin (Einzelhausentwürfe) | **Bauzeit** 1996–1997 | **Nutzung** Büro, Dienstleistung, Handel 44%, Wohnen 50%, Kultur 6%

Auf den Grundstücken der »Neuen Hackeschen Höfe« nördlich des Hackeschen Marktes wird nach einer Konzeption von Götz Bellmann und Walter Böhm eine Bebauung entstehen, die sich stark an den strukturbestimmenden Merkmalen der Spandauer Vorstadt des 18. und 19. Jahrhunderts, beziehungsweise der 1906 fertiggestellten »Hackeschen Höfe« orientiert. Die Aneinanderreihung von acht Höfen von der Rosenthaler Straße 40/41 bis zur Sophienstraße 6 ist heute Deutschlands größte erhaltene Wohn- und Gewerbeanlage und nicht zuletzt dank der Jugendstilfassaden von August Endell ein denkmalpflegerisches Juwel. Die Bebauung nach dem Masterplan von Bellmann & Böhm folgt den historischen Baugrenzen und bildet mit der Anlage von zwei Seitenflügeln drei Höfe; mit der Gliederung in zwölf Wohn- und Gewerbegebäude paßt sich die bauliche Großform den historischen Maßstäben an. Die straßenseitig entstehenden neun Wohn- und Geschäftshäuser beinhalten in vier Häusern Büros und Kultur, fünf Häuser bleiben dem Wohnen vorbehalten. Im Erdgeschoß und ersten Obergeschoß befinden sich umlaufend Läden, Gastronomie, Kultur- und Dienstleistungsunternehmen. Unter den drei nutzungsorientierten Höfen ist der mittlere ausschließlich von Wohnungen umgeben. Eine geordnete Vielfalt verspricht die Beauftragung verschiedener Architekten, die jeweils auf Grundlage des Masterplans einzelne Häuser gestalten. Wichtig ist die Harmonie der Formensprache, Materialien und Farbe des Quartiers als Ganzes und die Wiederbelebung eines für Berlin bedeutsamen Ambientes. Links: Rosenthaler Straße; rechts: Dircksenstraße; rechter Bildrand: An der Spandauer Brücke.

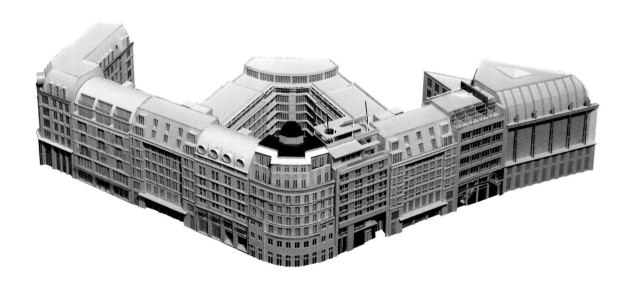

Unweit des Alexanderplatzes errichten die Architekten Hentrich-Petschnigg & Partner ein großflächiges Büro- und Geschäftshaus, das nach seinem Standort an der gleichnamigen Brücke »JannowitzCenter« heißen wird. Es entsteht in unmittelbarer Nähe zur Spree und einer Parkanlage.

Ihrem Leitgedanken folgend, daß High-Tech und Natur keinen Gegensatz bilden sollen, haben die Architekten ein Gebäude entworfen, das viel Transparenz, Tageslicht, Ein- und Ausblicke zuläßt. Besonders deutlich wird der Eindruck von Leichtigkeit und Weite in der lichtdurchfluteten Halle mit den umlaufenden Galerien.

Lage Brückenstraße, Berlin-Mitte | **Bauherr** Internationales Immobilien-Institut GmbH, München | **Baubetreuer** HOLZMANN Bau-Projekt AG, Berlin | **Architekten** HPP Hentrich-Petschnigg & Partner, Düsseldorf | **Bauzeit** 1993 – 1997 | **Nutzung** 30.000 m² Büros und Geschäfte, 69 Wohnungen

»Trias« heißt ein Büro- und Geschäftshaus nahe der Jannowitzbrücke, das die Architekten Beringer & Wawrik entworfen haben. Charakteristisches Merkmal dieses Gebäudes sind drei V-förmige dreizehngeschossige Flügelbauten, die zur Spree und zum angrenzenden S-Bahn-Viadukt weisen. Die Zwischenräume der drei Flügel sind als leicht erhöhte Plazas gestaltet, unter denen sich große zusammenhängende Ladenflächen befinden. Zur Holzmarktstraße schließt ein geradliniger sechsgeschossiger Baukörper den Straßenrand.

Lage Holzmarktstraße 15 – 18, 10179 Berlin-Mitte | **Bauherr** DG ANLAGE GmbH, Frankfurt a. M. | **Architekten** Beringer & Wawrik (Lucia Beringer, Günther Wawrik), München | **Bauzeit** 1994 – 1996 | **Nutzung** Büros ca. 22.200 m², Läden ca. 3.300 m²

Hirschberg-, Ecke Schreiberhauer Straße.

Blick in die Schreiberhauerstraße.

Im Rahmen der Neugestaltung des Viertels am S-Bahnhof Ostkreuz ist ein Dienstleistungszentrum geplant, das aus kammartig angeordneten achtgeschossigen Riegeln mit begrünten Innenhöfen besteht. Außerdem sieht der Entwurf der Architekten J. S. K. Perkins & Will eine geschwungene, dem Verlauf der S-Bahn folgende dreizehngeschossige Hochhausscheibe vor, deren Fassade aus Aluminium und Glas besteht. Die fünf Geschosse niedrigeren Riegelbauten dagegen haben vorgehängte Aluminium-Ziegelraster-Fassaden.

Lage Schreiberhauer/Kaskelstraße, 10317 Berlin-Lichtenberg | **Bauherr** GbR Dienstleistungszentrum Ostkreuz, Berlin | **Architekten** J. S. K. Perkins & Will, Berlin | **Bauzeit** z. T. fertiggestellt | **Nutzung** Wohnungen, Büros

Photos: R. Görner

In exponierter Lage an der Landsberger Allee, direkt am S-Bahn-Ring Berlins, errichten der Mailänder Architekt Aldo Rossi und die Berliner Götz Bellmann & Walter Böhm das Büro-, Dienstleistungs- und Geschäftszentrum »Landsberger Arkaden«. Die durch vier Ecktürme klar umrissene Bebauung bildet mit ihrer Turmdominante zur Kreuzung einen der signifikanten »Meilensteine« entlang der Landsberger Allee. Zwischen den Ecktürmen erstrecken sich die Büro- und Dienstleistungstrakte, deren horizontale Gliederung Arkaden im Sockelbereich, Lochfassadenstrukturen bis zum sechsten Obergeschoß und drei zurückgestaffelte Dachgeschosse erkennen läßt. Die charakteristische Berliner Traufhöhe wird durch ein Hauptgesims deutlich hervorgehoben. Für die Fassaden werden vornehmlich Ziegelstein, im Wechsel mit Keramikstreifen, wie auch Elemente aus Eisen und Glas verwendet. Besonderen architektonischen Reiz vermittelt das gestaffelte Säulenportal zur Landsberger Allee, das den Eintritt in einen begrünten Innenhof ermöglicht.

Lage Landsberger Allee 106, 10407 Berlin-Lichtenberg | **Bauherr** Dr. Peter und Isolde Kottmair GbR, München | **Architekt** Aldo Rossi, Mailand, mit Bellmann & Böhm, Berlin | **Mitarbeiter** G. Da Pozzo, Mailand, M. Kocher, Bern, Ch. Jäkel, Berlin | **Bauzeit** 1996–1999 | **Nutzung** Büros, Läden

Turmdominante an der Kreuzung Landsberger Allee/Storkower Straße.

Die erhöht gelegenen Bahnsteige des neuen Fernbahnhofs in Berlin-Spandau wird man von zwei Seiten erreichen: Ein Zugang erfolgt über die Hauptbahnhofshalle an der Klosterstraße mit ihrem charakteristischen gewellten Dach. Einen weiteren Zugang bietet eine Fußgängerpassage in der Wilhelmshavener Straße. Als Gestaltungsmittel der unter den Gleisanlagen verlaufenden Verkehrszone dominiert die auffällig gewellte, mit Metalltafeln verkleidete Decke. Die Wellenstruktur des Daches setzt der Entwurf des Büros von Gerkan, Marg und Partner auch zur Beleuchtung der mit Stahl-Glas-Wänden gestalteten Innenanlagen ein: Während in die Wellentäler Lichtstreifen eingelassen sind, werden die Wellenberge direkt angestrahlt. Hinter der Halle sieht man die gewölbte Überdachung der Gleisanlagen, deren imposante Bogenkonstruktion aus Stahlgitter und Glas besteht.

Blick auf den vollständig glasüberdachten Gleisbereich mit sieben Gleisen und drei Bahnsteigen.

Lage Klosterstraße, Berlin-Spandau | Bauherr Deutsche Bahn AG | Architekten von Gerkan, Marg und Partner (Meinhard von Gerkan), Hamburg | Mitarbeiter S. Zittlau-Kroos (Projektleitung), W. Gebhardt, B. Claasen (Entwurf), B. Keul, D. Breve, A. Schlüter, K. Baumgarten, H. Raske, B. Töpper | Bauzeit 1995 – voraussichtlich 1998 | Nutzung Fern- und S-Bahnhof

Modellphotos: H. Leiska

Planungen für den Schienenverkehr

Die Planungen für den Verlauf der Fern-verkehrtrassen mit den neuen Bahnhö-fen Gesundbrunnen, Lehrter Bahnhof, Papestraße und Spandau.

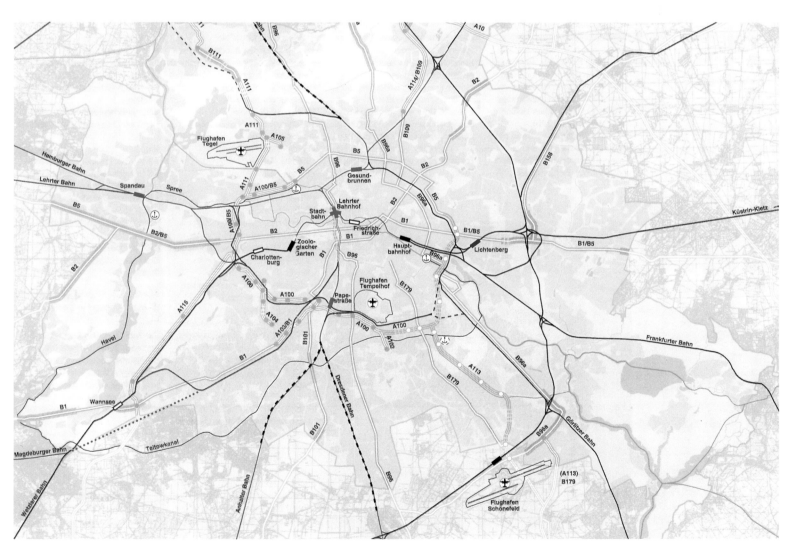

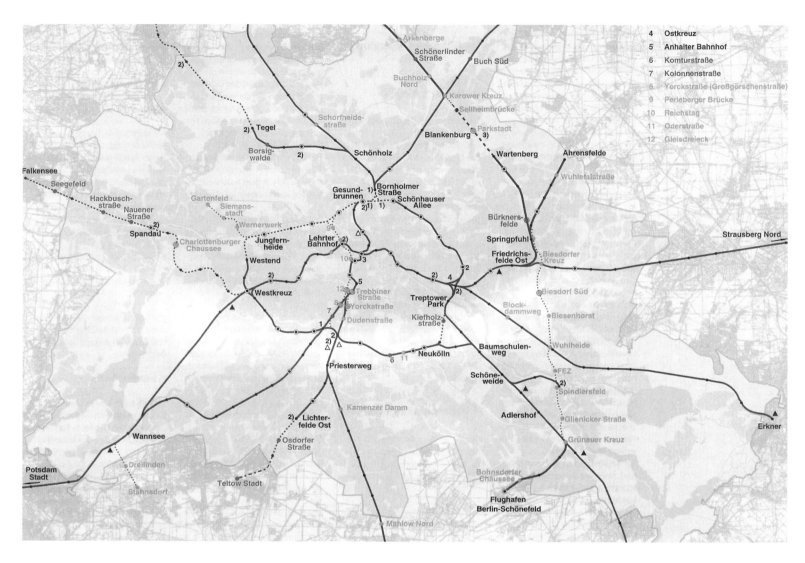

Legend box (top right):

4   Ostkreuz
5   Anhalter Bahnhof
6   Komturstraße
7   Kolonnenstraße
8   Yorckstraße (Großgörschenstraße)
9   Perleberger Brücke
10   Reichstag
11   Oderstraße
12   Gleisdreieck

Das S-Bahn-Netz mit den geplanten und weiteren möglichen neuen Strecken und Bahnhöfen. Stand Juni 1995. Wiederentstehen wird der sogenannte Berliner »Hundekopf«.

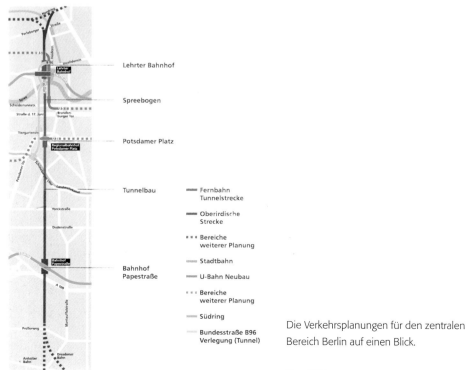

Lehrter Bahnhof

Spreebogen

Potsdamer Platz

Tunnelbau

Bahnhof Papestraße

Legend:

— Fernbahn Tunnelstrecke
— Oberirdische Strecke
∎∎∎ Bereiche weiterer Planung
— Stadtbahn
— U-Bahn Neubau
∎∎∎ Bereiche weiterer Planung
— Südring
— Bundesstraße B96 Verlegung (Tunnel)

Die Verkehrsplanungen für den zentralen Bereich Berlin auf einen Blick.

Plan: PVZB

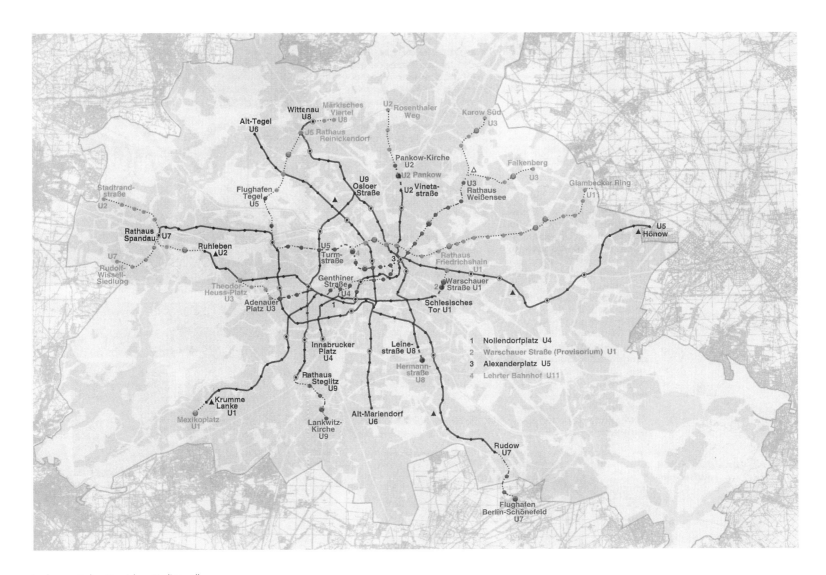

In den zentralen Bereichen Berlins soll
das U-Bahn-Netz durch die Linien U 3
und U 11 ergänzt und die U 5 nach
Westen verlängert werden. Die Realisierung dieser Vorhaben ist jedoch noch
völlig unsicher.

Die rechte Abbildung zeigt einen U-, die
linke einen S-Bahn-Zug im Großprofil.

Alle Abbildungen S. 131 – 133 außer 132
unten: Verkehrsplanung für Berlin. Hrsg. von
der Senatsverwaltung für Verkehr und Betriebe
Berlin, 1995

Architektenverzeichnis

Die folgende Übersicht führt die Architekten in alphabetischer Reihenfolge mit dem Hauptsitz ihrer Büros und den in diesem Band vorgestellten Projekten auf. In fetter Schrift ist das jeweilige Kapitel verzeichnet.

Spreebogen; Lehrter Bahnhof Spreebogen; Spandauer Bahnhof Stippvisiten

Giorgio Grassi, Mailand: A+T-Areal Gesamtplanung, Haus 2 und 3 Potsdamer Platz

Nicholas Grimshaw + Partners, London: Ludwig Erhard Haus West-City

HPP Hentrich-Petschnigg & Partner, Düsseldorf: Jannowitz Center Stippvisiten

Heinz Hilmer & Christoph Sattler, München: Markgrafenstraße 36, Carré am Gendarmenmarkt Friedrichstraße; Masterplan Potsdamer Platz; Regionalbahnhof Potsdamer Platz

Arata Isozaki & Associates, Tokio, mit **Steffen Lehmann**, Berlin: Daimler Benz-Areal Potsdamer Platz

Helmut Jahn (Murphy/Jahn), Chicago: SonyCenter Potsdamer Platz; Victoria-Areal West-City; Kurfürstendamm 70 und 119 West-City

Philip Johnson, New York: Checkpoint Charlie, American Business Center (Quartier 106) Friedrichstraße

Joppien Dietz Architekten (Anett-Maud und Jörg Joppien, Albert Dietz), Frankfurt a. M./Berlin, mit **Weidleplan**, Stuttgart/Berlin: Max-Schmeling-Halle Sportstätten Prenzlauer Berg

J.S.K./Perkins & Will, Berlin: Dienstleistungszentrum Ostkreuz Stippvisiten

Kahlen & Partner, Aachen: Bürocenter Bornitzstraße Stippvisiten

Josef Paul Kleihues, Berlin: Checkpoint Charlie, Triangel Friedrichstraße; Kontorhaus Mitte (Quartier 109) Friedrichstraße; Hofgarten am Gendarmenmarkt (Quartier 208) Friedrichstraße; Markgrafenstraße 34, Carré am Gendarmenmarkt Friedrichstraße; Haus Liebermann, Haus Sommer Pariser Platz

Hans Kollhoff, Berlin: Hofgarten am Gendarmenmarkt (Quartier 208) Friedrichstraße; Alexanderplatz; Daimler Benz-Areal Potsdamer Platz; Gesamtplanung Wasserstadt Berlin-Oberhavel

Vittorio Magnago Lampugnani/Marlene Dörrie, Frankfurt a.M.: Kontorhaus Mitte (Quartier 109) Friedrichstraße

Christoph Langhof, Berlin: Opernforum Pariser Platz; Gesamtplanung Wasserstadt Berlin-Oberhavel

Ulrike Lauber & Wolfram Wöhr, München: Checkpoint Charlie, American Business Center (Quartier 201 A) Friedrichstraße; Daimler Benz-Areal Potsdamer Platz

Daniel Libeskind, Berlin: Stadtteil Landsberger Allee

Christoph Mäckler, Frankfurt a.M.: Lindencorso Friedrichstraße

José Rafael Moneo, Madrid: Daimler Benz-Areal Potsdamer Platz

Gernot Nalbach + Johanne Nalbach, Berlin: Masterplan Bahnhofsbereich Friedrichstraße; Quartier Pulvermühle Wasserstadt Berlin-Oberhavel; Gewerbezentrum am Ullstein-Haus Stippvisiten

Walter Arno Noebel, Berlin, mit **Martin Krone**, Berlin: Südbrücke Wasserstadt Berlin-Oberhavel

Jürgen Nottmeyer, Berlin: Gesamtplanung Wasserstadt Berlin-Oberhavel

Jean Nouvel, Paris: FriedrichstadtPassagen, Quartier 207 Friedrichstraße

Rüdiger und **Jürgen Patzschke, Rainer-Michael Klotz & Partner**, Berlin: Hotel Adlon Pariser Platz

Dominique Perrault, Paris: Schwimm- und Radsporthalle Sportstätten Prenzlauer Berg

Renzo Piano, Paris/Genua, mit **Christoph Kohlbecker**, Gaggenau: Daimler Benz-Areal, Gesamtplanung und mehrere Bauteile Potsdamer Platz

Richard Rogers, London: Daimler Benz-Areal Potsdamer Platz; Zoofenster West-City

Aldo Rossi, Mailand, mit **Bellmann & Böhm**, Berlin: Quartier Schützenstraße Friedrichstraße; Landsberger Arkaden Stippvisiten

Jürgen Sawade, Berlin: Hofgarten am Gendarmenmarkt (Quartier 208) Friedrichstraße; Haus Pietzsch Pariser Platz; A+T-Areal, Haus 4 Potsdamer Platz

Axel Schultes & Charlotte Frank, Berlin: Masterplan Band des Bundes, Bundeskanzleramt Spreebogen

Schweger + Partner (Peter P. Schweger), Hamburg: Dorotheenblöcke Spreebogen, A+T-Areal, Haus 1 Potsdamer Platz

SPP Sievers + Piatschek + Partner, Hamburg: Delbrückhaus Potsdamer Platz

Walther Stepp, Berlin: Kontorhaus Mitte (Quartier 109) Friedrichstraße

Oswald Mathias Ungers, Köln: FriedrichstadtPassagen, Quartier 205 Friedrichstraße

Thomas van den Valentyn, Köln: VICTORIA-Versicherungen (Quartier 108) Friedrichstraße; Dorotheenblöcke Spreebogen

Miroslav Volf, Saarbrücken: Haus Dussmann Friedrichstraße

Michael Wilford, London: Britische Botschaft Pariser Platz

Bernhard Winking, Hamburg: Wohn- und Geschäftshaus Pariser Platz

Ulrich Wolff und Helge Pitz, Berlin: Neubau Museum für Verkehr und Technik Stippvisiten

Klaus Zillich, Berlin: Gesamtplanung Wasserstadt Berlin-Oberhavel

Bildnachweis

Wir danken folgenden Leihgebern, die uns Abbildungsvorlagen zur Verfügung gestellt haben:

Bernd Albers, Berlin – S. 104 unten links, S. 110 – 113

Astoc Architects & Planners, Köln – S. 103, S. 105 unten

Ursula Barczyk-Korejwo, Berlin – S. 25, S. 26/27

Behnisch & Partner, Stuttgart – S. 52

Bellmann & Böhm, Berlin – S. 20, S. 21, S. 124/125, S. 129 (alle Photos M. Hawlik)

Brau und Brunnen, Dortmund – S. 94

Stephan Braunfels, München – S. 88, S. 89 oben

Britische Botschaft, Außenstelle Berlin – S. 51

Bundesbaugesellschaft Berlin mbH, Berlin – S. 85

CEDC American Business Center GmbH & Co. Checkpoint Charlie KG, Berlin – S. 14, S. 15, S. 18, S. 19

de Architekten Cie., Amsterdam – S. 87

COM - Beratungsgruppe, Berlin – S. 36, S. 37

debis Gesellschaft für Potsdamer Platz Projekt und Immobilienmanagement mbH, Berlin – S. 62 (Photo R. Schäfer), S. 63 oben (Photo A. Muhs), S. 66 oben, S. 70 – 72

DG ANLAGE GmbH, Frankfurt a.M. – S. 127

DG BANK, Berlin – S. 53

ECE Projektmanagement G.m.b.H., Hamburg – S. 23

EP Euro-Projektentwicklungs GmbH & Co FriedrichstadtPassagen KG, Berlin – S. 32, S. 33

FUNDUS-FONDS-Verwaltungen GmbH, Köln – S. 47, S. 50

von Gerkan, Marg und Partner, Hamburg – S. 49, S. 90, S. 91 oben, S. 130

HOLZMANN BauProjekt AG, Berlin – S. 126

Jagdfeld FriedrichstadtPassagen Quartier 206 Vermögensverwaltungs KG, Berlin – S. 17 oben, S. 30, S. 31

J. S. K./Perkins & Will, Berlin – S. 128

KHR Projektentwicklungsgesellschaft mbH & Co Objekt Bornitzstraße KG, Berlin – S. 120, S. 121

Josef Paul Kleihues, Berlin – S. 17 unten, S. 24/25, S. 34, S. 48 unten

Kollhoff & Timmermann Architekten, Berlin – S. 58/59, S. 66 unten, S. 67 links

Christoph Langhof, Berlin – S. 54, S. 55 oben

Lauber & Wöhr Architekten, München – S. 67 rechts

Steffen Lehmann & Partner, Berlin – S. 73

Daniel Libeskind, Berlin – S. 108, S. 109

Stefan Lotz, Berlin – S. 48 oben

Christoph Mäckler, Frankfurt a.M. – S. 38, S. 39

José Rafael Moneo, Madrid – S. 68, S. 69

Stephan Müller, Berlin – S. 29 oben

Murphy/Jahn, Chicago – S. 76 – 79, S. 95, S. 98, S. 99 (Photos S. 98/99 H. G. Esch)

Nalbach + Nalbach, Berlin – S. 16 oben (Photo V. Schneider), S. 104 unten 1 – 3 von rechts, S. 118, S. 119

Nettbaum und Partner Architekturplanungs GmbH, Berlin – S. 42, S. 43

OSB Sportstättenbauten GmbH, Berlin – S. 116 unten, S. 117

Dominique Perrault, Paris – S. 115, S. 116 oben

Pitz & Hoh Werkstatt für Architektur und Denkmalpflege GmbH, Berlin/arTec GmbH, Berlin – S. 122, S. 123

PVZB Projektgesellschaft für Verkehrsanlagen im Zentralen Bereich Berlin mbH, Berlin – S. 64, S. 65 oben, S. 89 unten, S. 132 unten

Uwe Rau, Berlin – S. 63 unten

Salffner & Partner, Berlin – S. 96, S. 97

Senatsverwaltung für Bau- und Wohnungswesen, Berlin – S. 65 unten

Sievers + Piatschek + Partner, Hamburg – S. 80, S. 81 (Photos G. v. Bassewitz)

Stadtmuseum Berlin – S. 13, S. 45, S. 57, S. 61, S. 83, S. 86, S. 93

TET Wasserstadt Berlin-Oberhavel GmbH, Berlin – S. 101, S. 104 oben, S. 105 oben, S. 106, S. 107

Tishman Speyer Properties Deutschland GmbH, Berlin – S. 16 unten, S. 28, S. 29 unten

Unternehmensgruppe Roland Ernst, Berlin/gratschov & Partner, Berlin – S. 35, S. 74, S. 75

Thomas van den Valentyn, Köln – S. 22

Miroslav Volf, Saarbrücken – S. 40, S. 41

Antonia Weiße, Berlin – S. 84

Wert-Konzept-Berlin Beratungs- und Vermittlungsgesellschaft für Vermögensanlagen mbH & Co Beteiligungs KG, Berlin – S. 55

Redaktion ZUG, Hamburg – S. 91 unten

Verkehrsplanung für Berlin. Materialien zum Stadtentwicklungsplan Verkehr. Hrsg. von der Senatsverwaltung für Verkehr und Betriebe Berlin, Berlin 1995 – S. 131, S. 132 oben, S. 133

Der Umschlagentwurf basiert auf einer Abbildung von Next Edit, Stuttgart, und weiteren Abbildungen, die uns von den Leihgebern CEDC, Salffner & Partner, Steffen Lehmann, Bellmann & Böhm, Murphy/Jahn zur Verfügung gestellt wurden.

Thema: Architektur
Message: Lithografie und vieles mehr

Farbe: 4c euroscala
Format: ganzseitig
Papier: 150g/qm matt gestrichen
Druckverfahren: Bogenoffsetdruck
Raster: 120er Raster

Foto: M. Lüder
Copyright: JotZet

UNZE-Verlagsgesellschaft mbH

Wollestraße 43

D-14482 Potsdam

FON: +49 (0)3 31 74 75 60
FAX: +49 (0)3 31 70 88 31
internet-mail: 100621.3066@compuserve.com

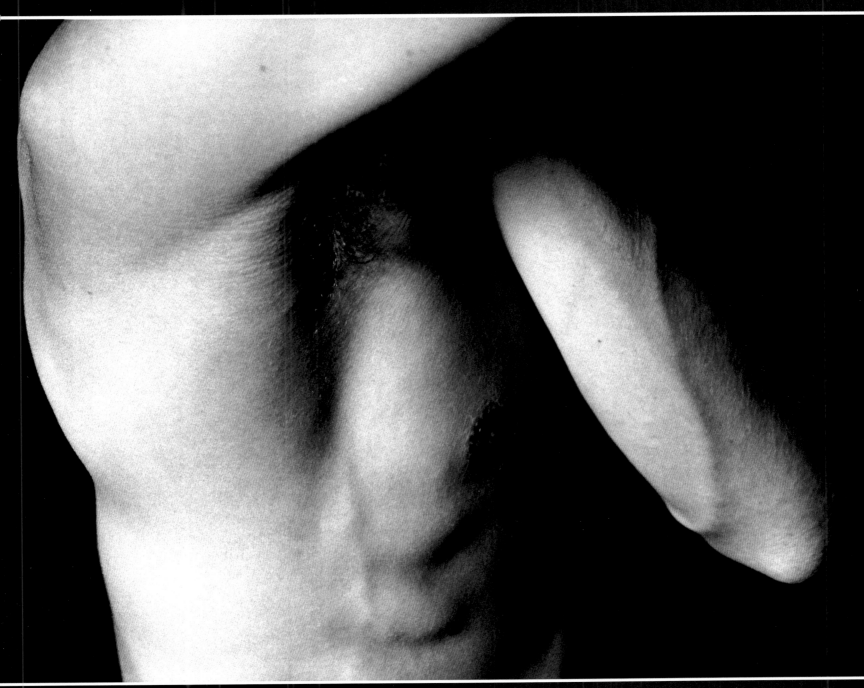

tagsüber vierfarbig und schwarz wie die Nacht

Küchengeister
Streifzüge durch Berliner Küchen
Lothar Binger, Susann Hellmann
Ob offene Feuerstelle oder vollautomatisiertes Koch-
paradies - der Mensch braucht die Küche! Eine
500jährige Geschichte der Küche, nicht nur für Berli-
ner informativ und unterhaltsam zu lesen.
ISBN 3-931321-12-6 224 S. 130 S/W Abb.
Broschur 17 x 24 cm DM 29,80

Elia Kazan
(Hg. Helga Belach, Wolfgang Jacobsen)
Die erste deutschsprachige Monographie über den
bedeutenden amerikanischen und international
renommierten Regisseur - Entdecker u.a. von Marlon
Brando und James Dean - , der auf der Berlinale 1996
für sein Lebenswerk mit dem Ehrenbären ausgezeich-
net wurde.
ISBN 3-931321-50-9 144 S. 50 S/W Abb.
Engl. Broschur 14 x 21 cm DM 29,80

Schwarzweiß und Farbe
DEFA Dokumentarfilme 1946 – 1992
(Hg. Günter Jordan, Ralf Schenk)
Eine umfassende Chronik von allen Produktionen,
Regisseuren, Themen, Intentionen und Legenden der
in den Babelsberger Filmstudios hergestellten Doku-
mentarfilme, herausgegeben anläßlich des 50jährigen
Bestehens der DEutschen FilmAnstalt.
ISBN 3-931321-51-7 464 S. 250 S/W Abb.
Franz. Broschur 22 x 29,5 cm DM 68,-

jovis Verlags- und Projektbüro
Kurfürstenstraße 15/16
10785 Berlin

Telefon 030/26 11 2 07
Telefax 030/26 11 5 42

Inventur – Neuköllner Nachkriegszeiten
(Hg. Udo Gößwald)
Historische, biographische, sensationelle, persönliche
und alltägliche Stadtgeschichten der letzten 50 Jahre
aus Berlins größtem Bezirk: ein gelebtes, spannend zu
lesendes Geschichtsbuch.
ISBN 3-931321-10-X 256 S. 110 Abb.
Broschur 17 x 24 cm DM 29,80

Das große Sterben
Seuchen machen Geschichte
(Hg. Hans Wilderotter)
Seuchen – von Pest bis Aids – sind bis in die Gegenwart eine ständige Bedrohung menschlicher Zivilisa-
tion geblieben. Erzählt wird nicht nur ihre medizini-
sche Geschichte, sondern auch über die Einschnitte,
die sie in sozialen, wirtschaftlichen, religiösen und
kulturellen Strukturen hinterlassen haben.
ISBN 3-931321-11-8 354 S. zahlr. Abb.
Hardcover 21 x 27 cm DM 58,-

Vielfalt der Stimmen
Autorinnen verschiedener Kulturen
(Hg. Elsbeth de Roos)
19 Autorinnen aus zwölf Ländern, zum Teil in Berlin
lebend, schreiben über ihr Leben in fremder Umgebung, über Vergangenheit, Ängste und Möglichkeiten,
das Unbekannte als Chance zu nutzen.
ISBN 3-931321-00-2 256 S. 5 S/W Abb.
Broschur 12 x 19,5 cm DM 19,80